梦想家

谨以此书
献给我最深爱的父母亲

世界女性群像之一

她的故事

Her Story

彭怡平 撰文·摄影

全国百佳出版社
中央编译出版社
CCTP
Central Compilation & Translation Press

惊叹书写的女子

世界女性群像《她的故事》序

·蔡素芬

彭怡平是个强悍的女人！对追求知识的强悍，对开展自己与世界对话的潜能强悍，对心里坚持的理想强悍，对执行理想的勇气强悍。这份强悍的追求与执行力，使她拥有超强的自信，向所有编织过的梦想叩关。

才几年前，她说她在做一个世界女子的系列书写，这意味她得实地到各国度去认识该地女子的生活样貌与思想。由于在法国留学，她取得欧洲交通网的便利，很早就走访各国，为了书写这个系列，她的足迹也跨至亚洲、非洲。整个书写计划的执行，默默进行了十年，如今成果具现，交出第一集，我不免惊心，这个女子带着她诠释各国女子的预谋，在旅行的途中细心观察，主动采访，毫不浪费行程地捕捉回其它女子的身影，完成自己观看世界的雄心，也开启个人与世界对话的窗口。她的谋略与行动力，何尝不是台湾“查某人”的群像之一。

这个由时间累积而成的成果，呈现十二地女子众多殊异的面貌。世间女子何尝易写？《红楼梦》一个家族十二金钗即各有个性与命运，遑论各国民风文化不同的女子面貌。彭怡平耙理出书写的脉理，她从文化背景入手，做不同地理民情的女子抽样，所以跟随她的游踪所至之处，也是一场历史文化的洗礼，在特定区域的特殊时空背景下，女子形象一一现形。这些女子的人生抉择与命运都与社会结构与文化传统不可分离，取样的女性从年轻到年老都有，差可做为前后世代面对社会转变过程中的对比，旧传统与新观念的折冲，撞击女子的抉择或宿命。从中也不禁令人感叹，无论女人面对的是怎样的文化载体，多少都受到家庭婚姻的箝制，若要发展个人的独立性与自由，势必得付出相当代价。世界女子群像殊异，但想活得更独立自主的心声则相同，从传统压抑走向完全自主的道路，犹如进行中的千回百折的命运交响曲。

彭怡平以极细微的观察力，注意着相逢女子的言行举止、穿着打扮，从她们的肢体语言、神态外观，去连结文化的情感，想必她每一趟行前，都做足功课，宗教文化历史沿革地理特色，都是她捕捉女子群像深厚的景深。

文字作为描述媒介，影像作为见证，两者为了诠释做必然的交会。

好的照片画面，必含有故事性，研究电影的彭怡平对照片画面的掌握充满动态与意涵，她掌握人物神态十分精准，构图比例令人赞叹，她天生是懂得分寸拿捏的人，才能在摄影的瞬间，很快决定图面的构成和神态的捕捉。

初识怡平时，其实正是被她的摄影作品吸引，她在二〇〇二年出版的《巴黎•夜•爵士》一书中，收录多幅摄自巴黎爵士俱乐部的照片，那些演奏者、参与者动人的神态和整体的气氛，足以凝注阅读者的视线，挑起阅读欲望。收在《她的故事》里的，尤有精进，别有风貌，不同的国度不同的人文不同的氛围，光看照片，即是一场视觉的盛宴，更不用说那些一一踏足而来实地采访的口述资料与以作者之眼所诠释的女子内在世界了。

怡平的每一本著作，大都企划多年也执行多年，其中或有重叠，也就是同时进行不同的计划，她以惊人的耐力及热情和她的计划厮磨。而这些计划不但工程浩大，主题还相去甚远，她最初写的是美食，深探法国各地寻访美食文化。某次和她在台北的五星级饭店法国餐厅用餐，餐后主厨来到桌旁接受她的现场指点，她告诉他应怎么调味，口感才对。一个三十几岁非科班出身的女子指导一位五十几岁的法国菜大厨，大厨还必恭必敬的受教，我一面怀疑她到底是不是不进厨房的理论派，一面想着她不知花了多少功夫培养了成为名厨名师的功夫。

确实她做的事都是花功夫的，以八年时间完成的法国爵士乐风情的书写与拍摄，是音乐人文主题，这本《她的故事》花了十年，以探索女性为主题，同时另一本《女人的房间》世界女性系列也在执行中，这些需要大量数据与实地采访的工作，若没有极大的热情和很好的体力，是无法持续的。

但就有这样的女人，非得做点挑战自己的事，才能安稳地过日子。她写女人，但读者观看时，不也好奇，是怎样的女人有这种大气魄，出僻国入险地，长征般地群集众多女子到一本书里？这个女人，我认识多年，是一个惊叹号！

献给母亲与全天下女性

作者序

撰写《她的故事》是我十多年来的梦想。为什么会有这样的念头，初始于我离开大学，赴法留学期间，接触到来自世界各地的女性，听闻她们的故事，使我对于女性世界里种种不可思议的经历产生了浓厚的兴趣，而渴求了解女人世界的欲望，随着我到日本游学的这段期间而日趋强烈。这不仅因为我亲身经历日本社会里对于女性种种莫名其妙的歧见与制约，也因为我开始理解到，身为女性，不少人的一生从诞生之初就是一场无望的抗争，她们的言语被封杀、她们的渴求被禁止，她们的身体也被束缚在各式各样的社会符号里，这些使得大多数的女性时刻处于在“精神分裂”的状态里，并习惯与自己多重的幻影为伍。

不过，拍摄世界女性图像的愿望却因为种种现实问题而不能不暂且搁置一旁，直到三年前，母亲因忧郁症自杀未遂，成了植物人，这个意外促使我放下一切，排除万难、加紧脚步完成这个计划！这不仅是源于对母亲的想念，也因为从母亲不快乐的一生里，我了解到母亲从来没有机会实践自己！这出于个人的怠惰，也是社会环境使然，而家人与父亲对她的爱，也无法带给她全然的满足与内心的快乐！而世界上有多少女性像母亲一样强颜欢笑，为了子女、丈夫与家人而牺牲了自己？尤其在一个视无条件的牺牲为美德的社会里，女人的沉默是否换得社会表面和谐？

或许是冥冥之中有神助，或许是沉睡的母亲与我心有灵犀，我竟然获得了第一笔短绌的经费，为《她的故事》系列起了头。然而，世界之大，我要如何写出占据了世界一半人口的女性的心声呢？我不希望这一系列的女性故事流于无血无肉的学术术语的堆砌！为了拥有第一手的资料，也为了如实地传达出当代女性内心的世界，我选择了旅游文学的形式。

一方面因为在旅游摄影与旅游文学这两个领域里，以女性为主题的报导付之阙如；另一方面也因为女性的研究与论述多数限于性别议题，对于其它主题的研究与报导，却相对显得不足。这也是为什么，我期望藉由摄影与文学的角度，来介绍世界各地的女性，并且期望藉由旅游，实地见闻与接触不同国家的女性，好与自己多年来经由书本、影像、新闻以及艺术等不同媒介所了解到的女性形像，交叉比对，期望能够去除历史加诸于女性的种种偏见，找出形成这些女性形像背后的诸多原因，还原这些女性真实的面貌。

为了在世界数百个国度中筛选出各形各色的女性文化，我先以洲为单位，再从我游历的四十多个国家里，寻找出十二个不同的国度做代表。我希望这些女性的故事，不仅能够传达这个国家不同的种族、阶级、职业、年龄的女性们的生活、希望与梦想，也期望通过她们的故事，看到的不仅是女人的故事，也得以了解到世界各地不同的宗教、政治、历史、美学、社会、文化背景之下，所孕育出来的独特女性文化，期待《她的故事》世界女性图像这一主题的系列报导，不仅多采多姿、打开了我们的眼界，更进而丰富了我们的心灵。

在为期两年半的跨越国度与洲界的旅程中，感谢这一路上伸出热情的双手帮助我渡过重重难关，共同达成这件不可能的任务的各国友人，若是没有他们的友谊与慷慨，《她的故事》一书永远无法完成；我也要特别感谢远景出版社的叶丽晴女士与文编潘治嘉先生，在出版业最艰困的时刻里仍不愿放弃理想，以出版一本百分之百完美的好书为职志；我也要感谢长久以来与我搭档的美编翁翁，他能够同意并分享我对此书美学风格的坚持——摒弃当下旅游图文书的作法，不甘于在书籍内摆放美而无用的风景照或者数据图片，而以颜色区隔国度，并以深具文化涵义与摄影质量的女性图像为主，引领读者深入不同的国度、种族、宗教与文化，探索鲜为人知的女性世界。

最后，我要再次感谢我的父母，若没有他们的栽培与宽容，我无法在写作之路上坚持了十年，父亲总是告诉我：“坚持自己的路，做自己！活出自己的风格！”在这本十年之作即将问世之时，我仅以最虔诚的心，将此书献给我最敬爱的父亲，仍在沉睡中的母亲，以及全天下的女性，愿她们都能不放弃梦想，拥有一个璀璨而丰富的人生。

彭怡平 2008.11.05 写于台北家中

Entrekoos

HerStory

目录 CONTENTS

S T O R Y - 0 1

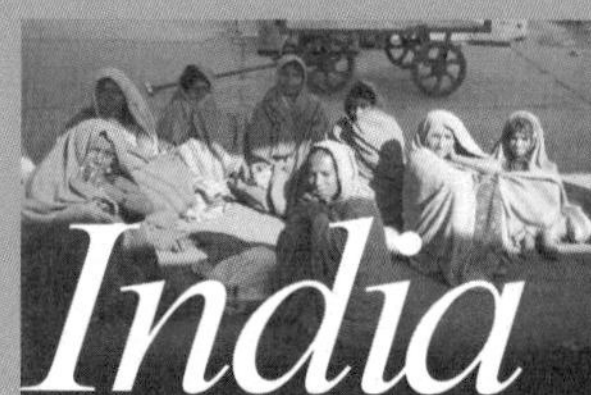

穿纱丽的女子 *India*

印度

我们通过有限的印度歌舞片所看到的印度女性，多是长发飘逸、薄纱长裙迎风飞舞、为爱不顾一切的纱丽女郎，但是，在真实的印度社会里，印度女性却以丰富多变的面貌，扮演各式各样不同的角色，不论是女神、明星，或者实业家、作家、还是家庭主妇，印度女性总是积极地投入社会运动与环保运动，为妇女的地位与全人类的未来而打拼！

宝莱坞的歌舞片电影狂潮，近年来从东半球扩展至西半球，印度人更将貌美如花的电影女明星当成女神般膜拜。

从卡里女神到电影女明星

在加尔各答(Calcutta)，当我问起加人：“你们最敬爱的女子是谁？”十之八九皆回答：“卡里！”当我再问：“谁是卡里？”这些面貌和善的印度男子顷刻间面露畏缩惊惧的模样，指着人行道上竖立的小庙宇内面目狰狞、口吐红舌的黑面女刹说：“就是她！主掌死亡、毁灭的女神。”

这座洒满红色血迹的白色小庙宇的规模，与台湾街头巷尾林立的土地公庙相仿，但是庙内供奉的却不是慈眉善目的土地公土地婆，而是黑面獠牙、伸着长舌的卡里女神；她戴着妖魔头骨串成的项链，一手紧抓着妖孽的首级，一手拈着莲花，另两只手分持宝剑及剪子，张着血盆大口，大口大口地吸吮着妖怪的鲜血；凭着她这吃相，怎么也叫我难以相信她就是印度掌管死亡与重生的湿婆（Shiva）神温柔美丽的妻子——帕华缇(Parvati)。

原本帕华缇长得一如电影女明星林黛般貌美，因气愤世间人道沉沦、正义不张，一怒之下变成黑脸獠牙的复仇女神卡里；当她杀尽了世间所有的妖孽，喝尽了他们的鲜血以后，仍然无法平息她的愤怒，焦心的湿婆为了平息爱妻的愤怒，躺在卡里的脚下，当卡里发现脚下踩着的竟是丈夫的身体之时，又急又惊，才变成今日这般模样。

然而，直到今天，长相可怖的卡里神受市民欢迎的程度却有增无减。除了满街林立的卡里神庙之外，印度人家中的神龛，门坎边的磁砖图案，或是楼台装饰，都可以见到卡里神的图像，尽管印度男人内心对卡里又敬又惧，却也迷恋年轻貌美的电影女星。

她们个个貌美如花，有些还身手矫健，媲美杨紫琼。从满街张贴的明星海报，地摊上陈列的明星照、明星年历，足见印度人对电影女明星迷恋的程度，已与对神祇的崇拜无分轩轾。

收入第一的印度悍妇

原本身份比贱民阶级还低下的女性，在专司制造美丽梦幻的印度电影工业的巧妙包装下，摇身一变成印度女神般神圣不可侵犯；另一方面，贩卖女性的性感与美貌，充满性与暴力的电影海报，四处张贴在街头巷尾的电影广告牌上，引诱行人驻足观看；这些明眸顾盼、娇艳动人的女明星，摆出撩人的姿态以吸引苦力与三轮车夫前往戏院消费，如此的举止又使得原本神圣不可侵犯的世俗神祇——女明星，沦为满足印度底层社会大众淫欲的商品。

令我感到讶异的却是，真正广受印度人欢迎的，却并非这些扭腰摆臀、胸大无脑的印度版玛丽莲·梦露，却是赋予女性独立、自主、坚毅、智慧的特质，以花木兰的姿态征服印度男人的印度悍妇。

当我的印度好友目不转睛地盯着电视上正在演出的《娇夫悍妻记》，说起片中的女主角是全世界收入最高、最忙的一位喜剧演员时，我半信半疑，但是，当我旅游到哪儿都会碰到这位体型壮硕的“女强人”正在拍片以后，我不得不接受这个不争的事实。

然而，无论是主宰死亡与毁灭的女神卡里，或是包装得完美如女神、淫荡如娼妇、凶悍如铁娘子的电影女明星，始终都是印度社会的梦幻产物，真实的印度女人始终活在艰困的现实世界里，每天与命运缠斗，却永不放弃希望，我的印度友人法蒂娜就是这么一位女性。

除了母亲与老婆之外，印度男人最敬畏的，就是这位口吐长舌的黑面女煞——卡里女神。

她有一头印度女人罕见的短发，一年到头总是穿着简便的西服，大学毕业以后，未如她的大学同学般选择结婚生子，反而独立创办西洋女性内衣公司。为了让印度女人能够了解穿戴胸罩的好处，法蒂娜主动地举办多场教学会，并且不断地通过西洋流行杂志取得各国新款的内衣式样，再交由当地的裁缝师设计出与时代流行同步的内衣；虽然刚开始她面临同胞的异样眼光，但是，几年扎实的努力下来，她的事业已经大有起色。

因商务的需要，她经常必须独自来往于印度各大城市；而在印度，一位女子单身旅行往往被当成风尘女子、或是随便的女人，更不要提独自一人搭乘印度二等车厢，挤身于一群臭汗淋漓的印度男人之间，忍受男人愤恨的眼神与刻意亲昵的肢体动作，心中的难受，绝非我这外国女子所能体会。

HIMMATWALA
A PERFECT MURDER
DOUGLAS PALTROW MORTENSEN
A PERFECT MURDER
TOUCH OF SEX
TOUCH OF SEX
SEX BEFORE MARRIAGE
DANGEROUS TOUCH OF SEX
FOR ADULTS ONLY
PHOOL AUR ANGAAR
भण्डार
607

“莎迪”传统

年过三十好几的法蒂娜，谈起印度婚姻，心中仍充满恐惧，她告诉我：“不要以为这儿是加尔各答——印度最文明的城市，就不会出现焚烧寡妇的‘莎迪’（注一）暴行。在印度，身为女子已有太多的禁忌，更不要提已婚女人。”

事实上，大英帝国殖民期间，印度政府已于一八二九年明文规定废止“莎迪”(Sati）这个骇人听闻的陋习。然而，当时的恒河河畔，仍旧不时地可看到由寡妇的家属亲手为她们搭起的火焚堆、熊熊烈火引起的烟雾，以及众人围着全身上下被烈火灼伤得无一完肤的寡妇、却群起鼓掌叫好的场面。

二十一世纪的今天，印度寡妇自焚的情形仍旧时有耳闻，并且藉由电视媒体的传播予以神化——印度人相信自焚的女性可以因此成为圣母莎迪。莎迪自焚时面露微笑，因为她的自我牺牲，换得了神的庇护，因此身上无一处灼伤。反抗此种陋习的印度女性虽然所在多是，却遭受赞成此行为的女性团体强力地抗议，这背后潜藏着印度宗教与社会长久以来刻意塑造理想女性而造成的迷思；我想起多年前于恒河河畔见到的这一幕景象……

卡修拉荷性爱神殿里的湿婆神与其温柔美丽的妻子——帕华缇。

贩卖女性的性感与美貌，充满性与暴力的电影海报，四处张贴在街头巷尾的电影广告牌上，引诱行人驻足观看；这些明眸顾盼、娇艳动人的女明星，摆出撩人的姿态以吸引苦力与三轮车夫前往戏院消费。

恒河女子

虔诚的印度教徒生命将尽之时，临终的心愿是来到有“圣河”之称的恒河（Gange）源头的“光之城”——法拉娜西（Varanasi)，等待死亡的来临。印度教徒期望死后于恒河畔火葬，并将骨灰撒于恒河中，以终止无休无止的人生轮回，于死后达极乐之境。

死寂的达萨瓦梅达河坛(Dasashwamedha Ghat）边，清晨五点钟不到，当第一道曙光划破天际，虔诚的女教徒萨雅已迫不及待地与家人相偕来到恒河边，展开一天最重要的工作——洗礼。

晨光中，招揽观光客生意的渡船夫，贩卖宗教明信片的孩童，寺庙边贩卖橘色菊花及玫瑰花编织

印度人将貌美如花的电影女明星视为凡间的女神，街头巷尾四处可见她们的海报，供印度人买来张贴在神像旁供奉。

而成的项圈的老妇，向游客兜售许愿蠋花的小贩，在晨雾中纯熟地操演剃头技艺的剃头师，于石板上为客人做瑜珈的按摩师，来自世界各地的观光客与灵修团，整个城市顷刻间自沉睡中苏醒，冷清的气氛一下子活络起来。

萨雅以银壶汲取恒河的圣水，口中念念有词，再倒回恒河中，以示洗净原罪；下午两点过后，她做了第二次净身洗礼以后，随即追随亲友回到家中；下午五点不到，法拉娜西最大的火葬河坛马尼卡拉尼卡（Manikaranika Ghat）四周已挤满了人群，有看热闹的观光客、死者的家属、还有专门负责火葬祭典、出售木柴以及收取火丧费用的贱民。

我站在高塔上遥望着地面上正在进行的火葬仪式，河岸边堆放着堆栈成高塔的木柴；尸体以白布包裹成木乃伊，覆盖着绣金线的黄红绸缎，被四五名大汉以竹子担架抬到木柴堆旁，恒河边吹起阵阵灰沙，野风吹奏起夹杂着悠悠生命气息与死者灵魂的圣歌。

我的四周躺卧着等待死亡的残弱躯体，他们如同风中残烛，勉为其难地吞吐着气息。眼睛四周涂抹着粗粗一圈黑墨的孩童，彷佛死亡的天使，无声无息地出现在我眼前，失神的瞳孔使我猛地倒抽一口气，我不由自主地退到塔台边，浓烈的黑烟呛得我难以呼吸，不知何时，他们已经开始火葬。

所有的木乃伊都被置于柴堆旁，熊熊烈火燃起……不远处，一艘被漆成橘红色的船只，装载着圣牛与木乃伊尸体，停泊在恒河中央，船上的男子将一具具婴儿木乃伊向河心抛下。根据印度教的说法：牛的尾巴可以渡载死者的灵魂进入天国，婴孩可因此免轮回之苦，所以不需要经过火化的仪式。我害怕火堆中的木乃伊突然苏醒过来，有些不忍与紧张，却忽地惊见，火堆中出现的不是木乃伊，而是我见过数次的萨雅，我惊呼着萨雅的名字！然而，一切都如几千年来一样的，按部就班地进行。风助长了火势，使得萨雅的死亡仪式既壮丽又悲美，但仍足足烧了五个多钟头之久才结束。

位于孟买的宝莱坞，是印度最大的印语影片产地，专门生产印度人所称的Masala电影，而印度十亿多人口中，有三百多万人仰赖宝莱坞的电影工业吃饭。

印度传统婚礼上，男女分座，围坐一圈唱歌跳舞，分享下午茶。

几位贱民清洗残留在河岸边堆积如山的污泥，萨雅的家人将残余的骨灰收集起来，撒落在恒河中，围观的人潮逐渐散去。

嘲讽种姓制度的印度女作家——阿兰达蒂·洛伊

我满心沮丧，对于行之几千年有余的印度种姓制度（Varnas）不由得打心底怀疑起它存在的价值与意义。种姓制度巨细靡遗地规范了印度人的思想、生活、婚姻、社交甚至饮食习惯，尽管近年来有心人士不断地大力奔走，呼吁彻底废除种姓制度及贱民阶级，但是古老的印度教早已经深入文化根基，形成印度人民的生活模式，甚至思想行为，根本难以除绝。而不被归类于印度种姓制度的女性，仅可藉由婚姻，才能取得正式的社会地位，印度女人的虚幻处境由此可见。

尽管种姓制度根深蒂固，印度女性仍旧不断地反抗她们自身的命运。以《微物之神》一书而闻名世界的印度女作家阿兰达蒂·洛伊（Arundhati Roy）即是其中最顽强的份子之一；她不仅以文学的方式抗议与嘲讽这个古老的制度，并且积极参与人权运动，为印度贫穷的妇幼、暴力受害者、因纳玛丹水坝计划（Narmada dam projects）而

有“光之城”之称的法拉娜西，每天清晨五点时分，虔诚的女信徒便来到恒河河畔展开一天的例行工作——洗礼。她们在恒河中洗脸、净身，并相信如此一来便可得到神的祝福。

被迫流离失所的数百万印度人民伸张正义，以及为“非暴力”的勇敢发声而倍受世人赞誉；此外，她也坚决地反对核子武器。虽然阿兰达蒂• 洛伊的言行大胆强悍，但是外貌打扮仍旧保持了印度妇女的传统打扮——长发披肩、一身纱丽、并于眉间点上结婚女人的朱砂痣（Sindoor），而这样的穿着打扮，在印度，无论走到那儿，都有缘得见，形成印度之旅最令我难忘的景致。

失去自由的纱丽女子

长发飘逸的印度女子，穿着日常生活服饰——纱丽（Sari），丰厚的耳垂上挂着闪闪发光的金环、脖子上戴着金项链，两只手膀子套着成串镶金细手环，以红色朱砂粉在眉心点上朱砂痣，或者贴上刺青图案（Kumkum），表示已婚，藉此传达神明赐福、与神同在的涵义。

清晨五点一到，她们已在印度恒河畔进行一天的例行工作——晨洗；妇女于恒河边沐浴过后，以恒河圣水洗涤纱丽，在河边晾晒，微风一吹拂，闪闪发光的河面辉映着金丝银线织成的纱丽，发出耀眼的光芒，仿如来自神界，让人无法逼视。

虽然印度女子穿上纱丽以后的曼妙身段使我久久无法忘怀，我仍然不能不心生疑虑：如此装扮的印度女子如何独自搭乘火车展开为期一个星期以上的长途旅行，甚至夜宿二等车厢？事实证明，在印度旅游期间，我从未在印度的二等车箱内看到穿着纱丽、单身旅行的印度女子，甚至连头等车厢里也难以见到她们的踪影。

美丽的纱丽虽然使得印度女人成为美丽的化身，却也同时使她们沦为其俘虏，失去行动的自由。或许因为如此，以印度女性的困境为主角的印度电影或者文学总是大受欢迎，因为印度女性自身的问题，也揭露了当前印度面临传统或现代的两难。

卡修拉荷性爱神殿前的纱丽女子，眉间的tika是已婚女子的标志，也代表着神的祝福。

流落街头的母子。孩子母亲支撑着双腿枯瘦如柴的孩子，无言地望着我。

穿纱丽的女子　印度

五颜六色的粉末，都是来自花草树木或矿石提炼，可用来染纱丽，或用来使秀发看起来更乌黑闪亮；而橘色或者红色的粉末，也可用来作为tika——点在女子眉心的痔，意谓“心之眼”。

注一：

“莎迪”（sati）一词在梵文中的本意是“贞洁的女人，殉夫自焚的寡妇”。经由西方传教士威廉•克里（William Carey, 1761—1834）近三十年始终不懈的努力，一八二九年，孟加拉国管辖区总督威廉•斑迪克正式立法取缔“莎迪”。

一九八七年，印度拉贾斯坦邦某村庄发生了轰动一时的“莎迪”案，引发全境居民强烈的抗议，促使印度政府进一步立法保护妇女，并取缔制作“莎迪”墓石的行为。不论寡妇自愿与否，教唆、强迫、执行、协助、旁观或歌颂“莎迪”仪式，都属违法，主要策划人处以死刑或终生监禁；印度教的改革者也推行救济寡妇并且允许寡妇再嫁的运动。

然而，所有这些措施并未从根本上改变印度人对“莎迪”执迷不悟的态度。一方面，因为“莎迪”的神话，使一直以来位微言轻的女人终于得以摆脱此生卑微的命运，摇身一变为人人尊敬的女神，并连带使家人的社会地位也被提升；另一方面，两家亲人也可藉此减少一位前来分家产与吃闲饭的嘴；以致于在某些偏远落后的地区，“莎迪”仍三不五时地发生！

无论这些寡妇是出于自愿或者被迫，“莎迪”这一传统的无法根绝，验证了“莎迪”是印度社会里，经过精密计算的集体暴力。

STORY-02

Russia

婚姻是幸福的标签

俄罗斯 *Russia*

为了让摄影师捕捉到最美丽的倩影，新娘挽着拖曳的长裙，在一百多级的阶梯上来回地奔跑着；那些可爱的花童们，被大人们的婚礼弄得疲惫不堪，满脸倦容地坐在台阶上，等待这一幕人间喜剧的结束。对俄罗斯人而言，婚姻是一生中，最重要的一场演出，演出内容的好坏并不重要，重要的是，开场白要做的风光漂亮。

星期六的新娘，面对的是一连串崎岖难行的人生阶梯。

对俄罗斯女性的印象，最初来自于埃及红海的一艘乘载着观光客的游艇。

七月底的埃及红海，弥漫着暴风雨来临前的征兆，强风阵阵吹袭之下，所有的乘客都躲到船舱里避难，唯独一位女子，独自坐在船头的甲板上，尽管海上风起云涌，女子的体态却有如专业的时尚模特儿般、始终维持完美的平衡。

她一脚平放在甲板上、另一腿弯起，双臂向后支撑起雄伟的上半身，任一头金色的长发迎风飞扬。女子微微上扬的眼角与嘴角带着笑意，尽管那笑容浅淡地几乎难以察觉，却明显地流露出骄傲与满足，无异告诉所有人，此时此刻的她，只想恣意地享受人生。

女子穿着一件款式不落俗套的白色棉质长袖上衣、袖子剪裁成辫子镂空造型，露出她雪白如凝脂的肌肤与丰满的双臂，细致柔美的五官与她粗壮的身躯形成强烈地对比，却也塑造出她独特的肉体魅力。

她耐心地等到海面回复风平浪静、船停泊于珊瑚礁附近以后，随即毫不迟疑地换上潜水衣与蛙人鞋，扛起重达几公斤的氧气桶，潜入深海，并数次往返。红海旅程近尾声之时，她送给我自深海带回的一粒贝壳，并告诉我，她来自俄罗斯某个名不见经传的乡下小镇，是家庭主妇，这是她第一次出国旅行，她决定单身、并以自助旅行的方式出游。

下船的时候，红海海面风平浪静，我却在她回眸的笑容中看到了托尔斯泰笔下的安娜•卡列尼娜，坚决、热情、充满活力、美丽多金的女人，为了获得自由，只有从既有的社会架构中逃离，哪怕仅是短暂、最终还是要回归宿命，也要尽情地享受生命！也因此，她的享受也夹带着刻意的放荡与贪婪的饥渴。我当时还不知道，每一位俄罗斯女子的身体里，都禁锢着一个安娜·卡列尼娜的灵魂，她们对人生、婚姻与爱情的看法都掺杂着一种如同季节变化的“可恨的必然”。

在陀思妥耶夫斯基《白夜》的桥畔，巧遇俄罗斯沙皇与皇后。

俄罗斯冰山美人

飞机原订抵达俄罗斯远东港口海参崴的时间为下午一点钟，出关时却已将近下午三点了。

出乎我意外的，由俄罗斯国营旅行社海参崴分部派来接送我的人员，依旧很尽职地站在出关处，一见到我就立即迎面而上，以流利的英语对我说："Miss PONG?!"

看到眼前这位身材高挑、一身绿色迷你裙套装，脚蹬浅咖啡色高跟鞋的俄罗斯超级大美女，我简直不敢相信，她就是旅行社派来接送我的人，那一刻，我觉得比电视机前聚精会神地盯着世界选美比赛的观众还要幸福百倍。

她单手接过我的手提行李箱，疾步来到机场大厅外的停车场，在一台

墨绿色的丰田汽车前停下来，先将车门打开、邀请我入座，再将我的行李放置在后车厢，眨眼的功夫，一切已经安排妥当，与机场入境处官僚拖泥带水的办事风格相较，简直天壤之别。

一路上，她极力掩饰内心的焦虑，也不多话，仅仅简单地告诉我一句："机场离市区很远，约要一小时的车程。"就不再开口。

机场公路两旁的风景很美，但是开车的人，却是个冰山美人，气氛有一点儿不搭调；为了打开话匣子，我赞美她既高挑又漂亮，还进一步问她：

“是不是所有俄罗斯女人都像你那么美？”

她听了有一点儿不太好意思，不过，我的话似乎让她颇为得意。

从谈话中，我得知她的名字叫娜塔莎，是国营旅行社海参崴分部的工作人员；原本以为，因工作之便，她一定去过不少国家，好奇之下问她：“去过的国家中，哪一个国家让你印象最深刻？”孰料，竟得到如此回答：“俄罗斯很大，够我玩了。”

这个答案又将我俩之间的距离拉远，就这样，好半晌，我俩一言不发；两旁的风景飞快地自眼前闪过，脑中却始终无法捕捉到任何记忆。百般无聊之间，突然瞥见前座座椅上放置着一个漂亮的锡箔纸包裹，别出心裁的糖果造型两端还绑上美丽的蝴蝶结缎带，让我忍不住多看两眼，终于，按捺不住好奇心问她：“送礼吗？”

“今天是我男朋友生日。”

“哇！好罗曼蒂克！要是我男朋友看到这一幕，不知道要怎么抱怨我了？”

从后照镜中，我看到她的嘴角浮现一抹微笑，我知道，我俩之间的距离已然消失。

“里面装的是什么？”

“毛衣。我亲手编织的。”

想起娜塔莎的男友，从头到脚都是她添置的御寒装，不由得有感而发：“你的阿娜答一定很幸福。”

女马车夫驾驶着马车，达达的马蹄声在石头人行道上敲出清脆的声响。

星期五的婚礼

来到海参崴的第二天下午开始，我发现，无论走到那儿，都可看到一辆辆扎着七彩缎带、车顶缀饰着金色对环戒指的白色海鸥礼车，在各个景点的停车场上成一字排开。

四十多人的结婚队伍，浩浩荡荡地向人民广场走去，穿越马路的时候，气喘如牛的新娘子被长裙绊住脚，差一点儿在马路上摔了一个大跟斗，体贴的新郎见状，赶紧将美丽的娘子一把揽腰抱起，新娘子喜孜孜地靠在新郎的怀中，双手紧紧地缠绕着他的脖颈，幸福的模样，溢于言表。

瘦骨嶙峋的白马王子，红着脸憋着气，使出吃奶的力气，赶在十秒之内，将份量不轻的美丽尤物从马路的这头搬移到那头，谁料摄影师突然心血来潮，拿出照相机要求拍下这历史性的一刻！

当摄影师按下快门的那一刻，两人脸上的表情既甜蜜又奇怪，而来自远方的我，一如街上来去匆匆的路人，瞬间成了这场世纪初婚礼的见证人。

俯视海参崴市容的山顶公园也成了摄影师拍摄婚纱照的绝佳地点。为了让摄影师捕捉到最美丽的倩影，新娘挽着拖曳的长裙，在一百多级的阶梯上来回地奔跑着；那些可爱的花童们，被大人们的婚礼弄得疲惫不堪，满脸倦容地坐在台阶上，等待这一幕人间喜剧的结束。然而，没有任何人喊停！因为，对俄罗斯人而言，婚姻是一生中，最重要的一场演出，演出内容的好坏并不重要，重要的是，开场白要做的风光漂亮。

我不知道，为什么海参崴的市民都赶在礼拜五结婚？难道，他们希望在婚礼之后，趁着周休二日，包一台游览车一起蜜月旅行？疑惑的当下，突然从我背后冒出一句话：“小姐，要不要喝一杯！”

一位穿着黑色礼服的男子，高高地在空中举起一个啤酒瓶对我展开热情的邀约，我傻楞楞地问他：“为什么要请我喝酒？”

他指指身后的那对新人对我说：“Happy Marriage!”

“你们也一如中国，有所谓的黄道吉日吗？不然为什么大家都选择星期五结婚？”

“海参崴市有一个不成文的规定，周五是再婚者的结婚日，周六则是第一次结婚。”

浩浩荡荡的星期五婚礼，四十多人的结婚队伍。

我朝他身后的新人看了一眼：“他们看起来很年轻呀！？”

“我们俄罗斯人第一次结婚都很早！”

“多早？”

“十七八岁啰！来，与我一起举杯为这对新人祝福吧！”

话一说完，他一饮而尽，紧接着将酒瓶往地上一砸，转眼间，满地的玻璃碎片，他却毫不在意，笑嘻嘻地说：“Happy Marriage! Happy

Life!”

我站在原地，一动也不敢动地从他手中接过一瓶克瓦斯（Kvaas），断断续续地喝完以后，依样画葫芦，将空瓶子往地上一扔！瓶子在地上转了几圈以后，又滚回我脚边，我不太好意思，支支吾吾地说：“俄罗斯啤酒瓶做得真不错！”

他毫不为意地又塞了一大把铜板给我……

“跟着我做。”

话刚说完，半空中洒落一阵铜板雨，新人在众人的祝祷声中，欢天喜地地进入轿车扬长而去，留下满地的玻璃碎片与铜板，以及我心头的一连串对俄罗斯式结婚的疑问，没想到，这些疑问竟然随着这段俄罗斯旅程中所遇到的女性而逐渐呈现清晰的面貌。

塔丽娜的生日愿望

第一次见到塔丽娜是在海参崴前往伊尔库兹克的那班火车上的铁路餐厅。

她一个人孤伶伶地坐在餐厅角落独饮一大瓶的伏特加，落杯之际，她又生猛地吞云吐雾，好似想将内心的苦闷整个抽离出来，寻找解脱的可能，却于人生的迷宫中愈陷愈深。

我一向不喜欢一个人喝闷酒，更不喜欢看到女人独自喝闷酒，整间餐厅当时又客满，也许是出于好奇心，或者出自怜悯，我不自觉地走向她……

“这个位子有人吗？”

她倦容满面地抬头看我一眼，以充满哀伤的眼神对我摇摇头，我在她身旁的空位坐下来。

“你结婚了没有？”这个问题是开启我俩的友谊之钥，也是绝大多数的俄罗斯女人问我的第一个问题。

对大部分的俄罗斯女性而言，婚姻是严肃且重要的人生课题；因为，传统教育她们：“男大当婚，女大当嫁”。男女十七八岁成年以后，无论在学，或者冲刺事业，都得停下来先处理这桩人生大事——结婚生子。也因如此，不少俄罗斯的大学宿舍里面，都设有“夫妻宿舍”，让小两口结了婚也可以继续读书；而“你结婚了吗？”这个问题，竟然成为绝大部分俄罗斯人聊天时不可缺少的重要话题。

“还没。”

“几岁了？”

俄罗斯的圣母圣子像，成为倍受痛苦的俄罗斯女人的心灵慰藉。

这个问题已经不知道被多少中外无聊男子问过，女人问我，倒是头一遭，因为，女性的谈话中，总会非常有默契地避开这个敏感的问题……不过，我天生就对年龄的敏感度不高，也就很爽快地回答她：

“三十三！”

没想到，我的回答竟然使她深深地叹了口气……

“同样是三十三，我却感觉如此地苍老。”

她深吸一口烟后问我：“要不要来点伏特加？”

塔丽娜是我认识的俄罗斯女性中，唯一一位到二十四岁才结婚的！绝大部分的俄罗斯男女到了十八九岁已是两个孩子的爹娘，拖延到二十一岁未嫁的，就会被社会、亲友蔑视，称他们为“过期的蛋糕”！不过，对我而言，过期的蛋糕依旧是蛋糕，一样是很可口的。

有人陪伴的塔丽娜，整个人话也多了，人也变得开朗。她告诉我，她现在非常想再婚，只有再婚能够带给她真正的幸福。

几年前，丈夫不幸意外身亡，留下一间工厂，她独立经营木材生意，与女儿塔夏相依为命。不过，木材的生意不好做，两年前她已收掉工厂，现在，她什么都不想做，就连最喜欢的料理也放弃了，每天只吃火腿三明治煎蛋。

“要结婚也得有物件才行啊！你再婚的对象找到了吗？”

她神秘兮兮地点点头……

“医生，是一位埃及人，在开罗工作，我刚从开罗回来。”

“开罗？！”我不胜羡慕地听她眉飞色舞地描述开罗的他，对她是如何如何地好，他会为她做饭，而且非常喜欢她的女儿，每次见到她女儿，总会亲热地喊：“喔！我亲爱的小塔夏。”

听到这儿，我觉得一切都很完美，但是，为什么一切都很完美的塔丽娜会如此不快乐？

“I love him! He loves me too, but he doesn't want to marry right now.”

她突然蹦出这么一句来，让我有一点招架不住。

俄罗斯老妇就算打扮得素朴，也给我一种过目不忘，优雅古典的印象，一如这些红漆金绘器皿般历久弥坚。

“来，陪我喝一杯！”

我不知怎么拒绝，陪她干了一杯。

她继续说着，酒也愈喝愈多。

“我这次去开罗，一方面看他，一方面给他下最后通牒……”她不再

说任何一句，只拼命抽烟……

那晚，我离开的时候，已是深夜十二点多了，塔丽娜已呈半醉的状态，但是，她仍旧不肯离开餐厅，她说她还想喝点酒，临别前，她对我说："明天，就是我三十四岁的生日了；我会结婚！明天，一切都会变得更好，对！一切都会变得更好。"

Matryoshika，圆圆滚滚的俄罗斯娃娃，仔细端详她们的样貌，从小女孩到老妪都有，犹如一个默不作声的女人国。

是的，不管塔丽娜结不结婚，我都相信，明天，还有明天。

达丽玛的婚姻与爱情观

捕捉西伯利亚的落日美景，我来到有"东方巴黎"之称的伊尔库兹克最美的地方——安加拉河。

我在摄氏零下的安加拉河畔伫足，等待夕阳西下、余晖映照在河面的瞬间。在此地结识的大学生达丽玛，虽然怕冷，依然来此陪伴着我，为了暖身解渴，我买了两瓶啤酒。

湍急的安加拉河上游岸边，有一座造型如修女帽，与澳洲悉尼歌剧院（Sidney Opera）外貌神似的音乐露天演奏台，演奏台上一群年轻人正在跳舞狂欢，台下四周围着卖烤肉与饮料的小贩，现场气氛热闹滚滚！达丽玛突然问起我有没有男朋友？

"有呀！"

"你们什么时候结婚？"

"八字还没一撇！"

"可是，原谅我这么说，像你这样年纪的女人，在俄罗斯早就应该结婚了！"

"嗯！但这是俄罗斯，不是中国。"

我想提醒她两地之间观念的不同，但是她好像不太认同似的，继续说服我："在俄罗斯，我们有一句话：'男大当婚，女大当嫁。'这是天经地义的事情。"

"那你为什么还不结婚呢？"

我有一点儿不悦，没想到好不容易来一趟俄罗斯，却遇到一位爱说教的小妹妹！

达丽玛从口袋里掏出一大把铜板，再从提包里掏出笔记本，随意撕下一张纸，细心地将铜板包好后交给我。

“这是我送你的结婚礼物，如果有一天你结婚了，请不要忘记告诉家人将这些铜板撒在你及伴侣的身上，会为你们带来好运与财富。”

“但是，如果丈夫有别的女朋友，你们怎么做？”

我开始胡说八道起来……，达丽玛脸一沉，表情既认真又严肃地说：“如果我丈夫或男朋友有别的女人，我会侧头朝我的左肩后方“噗！噗！噗！”三下，然后敲三下木头表示我的愤怒。如此一来，既可以宣泄情绪，又可以避免说出一些恶毒的字眼不小心伤害别人。”

她还告诉我，这种方法也可以用来避邪驱凶。

那晚分手后，我并没有马上回饭店，我坐在饭店附近的小公园长椅上，掏出达丽玛送我的结婚礼物，脑海中想着临别前，达丽玛告诉我的那些话：

“我一定要嫁给我爱的人，不一定要很有钱很有钱，因为有钱未必幸福；但也不要太穷！最好是商人，努力工作的商人！我们会生三个小孩！我可以做自己喜欢做的事……”

我望着伊尔库兹克的夜空，一朵神秘的蓝紫色云彩，在夜空中慢慢地晕散开来……

西伯利亚公主

为了亲眼目睹托尔斯泰《战争与和平》第一部场景发生之所在，回顾《西伯利亚公主》（The Princess of Siberia）一书中的两位俄罗斯奇女子——玛丽亚·佛考斯基（Maria Volkonsky）公主与叶卡特琳娜·土伯斯卡雅（Yekaterna Trubeskaya）公爵夫人，跟随十二月党人的丈夫，自我放逐于西伯利亚的那段封建、专制、迂腐、闭塞的岁月，我决心探访佛考斯基之家（Volkonsky's House）。

佛考斯基之家位于伊尔库兹克偏远的市郊，这儿的马路尘沙飞扬，两旁的建筑物也很破旧，景致如同一幅十九世纪的乡村农舍风景画一般，中间是泥泞不堪的庭院，庭院中央有一座木井，井旁有一匹马悠闲地吃着嫩草，让访者有如进入时光隧道的感觉。

我在门外苦候许久，就是没人应门，我又按了几次门铃，总算有了回音！

应门的男子将门拉开一条细如游丝的小缝，冷冷地说：“我们今天休馆。”

“明天会开馆吗？”

“明天？明天的事，明天再说。”

我实在气不过，告诉他，我远从中国慕名前来，想亲眼看见托尔斯泰《战争与和平》书中所描绘的这间生气盎然的屋子；更想亲睹这位西伯利亚公主——玛丽亚生前的风采。

他似乎有点动摇，拉开门，探出头来说：“我们刚好在举行托尔斯泰的回顾展，你来的正是时候，但是……”

“我不会待太久的。”

他的脸上露出笑容，与先前判若两人。

在他殷勤地解说之下，我了解到，在俄罗斯著名的“十二月革命”中，由于革命失败，许多十二月党人都被放逐和遣送。当时的法律规定，罪犯的妻子如果愿意，可以跟随丈夫前来西伯利亚服刑，但是，针对十二月党人的妻子，却立下一条全新的规定：“十二月党人的妻子，视同寡妇，可以自由改嫁。”

如果想要追随丈夫，将剥夺其自由工作权、通信权，财产也必须充公，并且终其一生不得踏上欧俄的领土，就算是丈夫死后亦然；更残忍的是，必须与自己的亲身骨肉永生分离。

尽管面对如此残酷苛刻的法令，十二月党人的妻子依然如她们的丈夫们一样的勇敢！第一位率先公然反抗这条法律的是叶卡特琳娜•土伯斯卡

俄罗斯有女皇的传统，不少的创作者从中汲取创作的灵感，如俄罗斯最著名的歌剧，柴可夫斯基一八九〇年改编普希金一八三四年的作品《黑桃皇后》（Pikovaya Dama），便是其代表作。

雅（Yekaterna Trubeskaya）公爵夫人。

一八二六年七月二十三日，第一批十二月党人被遣送至西伯利亚，她于丈夫士伯斯果伊被遣送的次日，毅然决然地放弃地位与财富，追随她的丈夫前往。途中她历经泰加（Taiga）森林的强盗抢劫，以及叶尼塞（Yenisei）冰河上马车窒碍难行之情况，但是，没有任何困难能够阻挠她。她独自一人长途跋涉超过五千公里的路程以后，终于抵达伊尔库兹克，但是却被当地官员拘留长达九个月之久，先是强迫她签下一纸“否绝书”（注一），继而骗她，她的丈夫已经被遣送到远方，实际上却近在咫尺。

玛丽亚继叶卡特琳娜之后也踏上前往西伯利亚一途。她租了一辆篷车，但是西伯利亚的大雪是如此寒冷，以致于窗台上都结上一层厚厚的白霜，发丝也因寒冷而结冰，凝固于床上……

结语——巾帼不让须眉的街头西施

一趟为期四十五天的俄罗斯之旅，使我发现，虽然俄罗斯女性将爱情与婚姻视为幸福人生不可缺少的要件，然而，婚姻对于她们而言，却并非意味着找到一张长期饭票，相反的，往往是男性找到一位全勤的保姆、家庭女佣兼长期饭票。

无论身在何处，在职场上工作的银行职员、博物馆管理员、旅行社接待人员、警察，或是铁路局服务员、饭店的服务生，清一色都是女性，就连市场内杀鸡宰牛羊的屠夫亦然，让我不得不相信，俄罗斯女性的韧性与毅力，比起每天喝伏特加喝到醉醺醺的俄罗斯男人，真的是有过之而无不及。尽管如此，俄罗斯女性的薪水所得，在同工同酬的口号下，却仅有男性的三分之一。

虽然巾帼不让须眉，俄罗斯女性的装扮仍流露出非常女性化的特质，并且不分年龄、高矮、胖瘦，都是一身洋装打扮。

年轻女孩为了吸引异性的注意，零下几度的寒冬里，仍然只穿薄纱背心及迷你裙，搭配一双长靴，悠闲地在路上漫步，展示她们修长的美腿与窈窕的身段。然而，我心中最美的俄罗斯小姐却是让我看得傻眼的街头女摊贩。

这些年龄已是祖母级的俄罗斯女性，各个打扮俏丽得有如十七八岁的小姑娘，穿着滚波浪边的粉红色洋装，头戴黑纱蝴蝶结装饰的白色仕女帽，顶着大太阳，在街上卖油炸高丽菜肉面包（Pirozhki），成为俄罗斯街头巷尾最动人的景致。她们有如太阳般热烈的生命力，使我回想起多年前在埃及红海的船上遇到的那位神秘女子；有如顽石般的毅力与决心，使

顶着艳阳兜售自制的油炸高丽菜肉面包的俄罗斯奶奶，简直就是《窈窕淑女》中奥黛丽·赫本的加大版。

我想起西伯利亚的玛丽亚公主与叶卡特琳娜公爵夫人；尽管她们可恨的命运如《安娜·卡列尼娜》小说开头，三十四岁英俊多情的男子奥布朗斯基对年仅小他一岁妻子的价值判断："五个活着、两个夭折的孩子的母亲，他不爱她，要使她再有魅力、而且能够引起他对她的爱，或者使他变成一个不能恋爱的老人，都是不可能的。……而如今的她，只是一个好母亲，一个疲惫的、渐渐衰老的、不再年轻不再美丽、毫不惹人注目的女人，出于公平心，应当对她宽大一点，尽管真实的情形完全相反。"

俄罗斯女性却并未被现实的命运击倒，依然拥有梦想与追求幸福的力量，这个发自内在的人性力量，终将使她们摆脱一切历史的阴霾与苦痛，引领俄罗斯，走向自由与光明。

注一：尼古拉一世为了使这些十二月党人为世人所遗忘，使其与世隔绝，不让他们与外界联系。他在位其间，特地颁布了这条"否绝书"的法令，严禁十二月党人与外界有任何联络。然而，十二月党人的勇敢的妻子与未婚妻们，却突破重重政治、法律上的封锁，坚持要与他们见面。政府无可奈何，只有强迫她们在这之前签订一份"否绝书"，除了生活之必须之外，放弃随身带来的一切金钱与贵重首饰；并且得在官员的陪同之下与她们的丈夫见面，每周不得超过两次。

Egypt

"告诉女信徒，低垂她们的目光，保有她们的贞节，并将面纱拉到胸口。"

——《古兰经》第二十四篇第三十一节

STORY-03

女人隐身的国度 Egypt 埃及

萨乐玛原属沙漠的游牧民族——贝都因人，因埃及观光业的发达，使得贝都因民族的传统文化逐步地消失。

抵达埃及开罗火车站的那天清晨，阳光出奇地耀眼，然而，一片黑压压的人群中，看到的面孔却清一色是男性，让我不由回想十几年前看过的一部埃及电影——《中央车站》(1958)。

电影中，开罗车站内那位到处兜售柠檬汽水的女贩哈鲁娜，不但精力旺盛，决心也更是过人，面对警方的禁令，她仍能以机巧的手腕与灵活的头脑，突破一切的困难以换取温饱。她的自食其力却招致男人的愤恨，而她妩媚的脸蛋以及婀娜多姿的体态，也引来其它男性工人的垂涎与嘲弄。为了面子问题，男友狠狠地毒打她一顿，并以爱之名，要求她立即停止工作，并不准再出外抛头露面，尽管遍体鳞伤，她仍然坚持自力更生。

哈鲁娜不肯向命运低头的勇气深深地打动了我，而阿拉伯世界历时不坠的畅销著作——《女性解放》(Tahir al-mar' a, 1898) 的作者卡丝玛·阿敏 (Qasim Amin)，在十九世纪的阿拉伯世界、倡导女性主义先驱——胡妲·夏拉薇 (Huda Sharawi, 1878—1947)，以及提出“废除头巾与多配偶制，提倡女性教育权”的玛拉克·丽芙妮 (Malak Hifni)，都是埃及女子，使我对这个笃信伊斯兰教的国度满怀憧憬，半个世纪以后，埃及女性的处境又是如何？怀抱着满腔的期待，我踏入这个古老的国度。

我在埃及火车上，巧遇这几位相偕出游的妇女。她们的服饰，显露出此三位女性对伊斯兰教义截然不同的态度。

前往亚历山德拉城著名的“死人家”途中，巴士路经人潮络绎不绝的市集(Souk)，尽管大热天，埃及女人仍多半以黑色长条巾将自己包得密不通风。

开罗地下铁

我决定搭乘地下铁前往预定的旅馆。灯光昏暗的地下铁里，看不到任何广告牌，除了候车台天花板垂吊的一架电视机以外，毫无半点现代消费社会的痕迹；以混凝土打造的空间里，千篇一律的黄色墙壁与灰色水泥地，使得身在其中，犹如置身于埃及古墓，冰冷得让我打颤。

已是下午五点多，宽阔的水泥地月台上，除了我以外，只见一位女性的身影；女人身裹黑色长袍，站在电视机前，目不转睛地观赏电视里播放的埃及电影广告片段，而演员们挤眉弄眼的表情、夸张的肢体动作，以及通俗的剧情，使得不懂阿拉伯文的我，都能够看出个大概。

虽是尖峰时间，班次并不多，我等了大约十五分钟左右，列车的身影才出现。车门一打开，车厢内的乘客就如堤防泄洪般地倾巢而出，却在同一时间，关门的气笛声急促地响起，我力图在这股人潮的冲击下、搏力前进，不到半分钟的时间，车门已又倏忽地阖上。

相较于候车台的冰冷，车厢里简直像烤箱般灼热，尽管我已大汗淋漓，身旁的乘客却个个安之若素，几回环顾以后，这才发现整节车厢里，竟然只有我一位女子的身影！

“刚才那位女子呢？”

我满心狐疑地东张西望，直到下车的时候才发现，单身的女子只能乘坐第一节车厢，有男性陪同的女性可乘坐第二节车厢，但是到了下午六点以后，女性乘客只获准待在第一节车厢内。

“如果女性乘客的数量超出第一节车厢的容量呢？”我向售票员提出了这个疑问，他却大笑地回答我：“晚上六点以后，开罗地铁女性乘客的数量，不仅很难超过一节车厢，车厢里一半以上的乘客，还是来自世界各地的观光客，其中，也包含了不小心误入禁地的男人。”

“难道开罗的女子足户不出？”这个疑问很快地在当晚获得解答。

开罗的夜晚

对于开罗的女人而言，夜晚，才是她们一天活动的开始。

每当夕阳西下，开罗女子便倾巢而出，呼朋唤友同游市集（Souk），在此选购物美价廉的衣饰与香水、品尝带有埃及风味的法国可丽饼；或涌向市中心最著名的糕饼店Marriott，争相购买刚出炉的法式可颂面包、西式糕点或中东甜品；或与闺中密友一同分享Beano’s的手工冰淇淋。

相较于一般妇女的传统服饰Hidjab，埃及肚皮舞娘的服装性感妖媚，耀眼极了！

开罗的女大学生们，则喜爱于课后相约于市集附近著名的Fishawi咖啡馆。只有在此处，我才可得见取下头巾、穿着西式细肩带裸肩上衣与紧身牛仔裤的年轻女孩，置身于男性友人间，无拘无束地抽着有苹果或桂花香味的水烟，自由自在地交谈。

夜晚的尼罗河畔是

不同于日常生活中凡事以伊斯兰传统为唯一准则，埃及女人的婚礼身着的，并非传统的从头包到脚的宽松长袍（Hidjab）服饰，而是西式新娘礼服。

情侣散步幽会的最佳地点。他们拥抱着河面浮动的月影，仰望着星辰，享受沁凉的晚风轻抚着肌肤的轻柔触感，凝视着停驻于河边的一艘艘豪华渡轮，幻想着甜美的未来。

也只有这段时间，我才能看到埃及女子丰富的表情，以及她们迸放的惊人活力，虽然大多数仍是一袭从头包到脚的宽松长袍（Hidjab），并以方巾遮住长发，但那豪放的姿态与俏皮的表情，充分地表露了她们自由的内心，那自由的呼喊，是不会因Hidjab这外在的束缚而终止。

永远的Diva

不管阿拉伯世界的男人如何以各种方式掩盖女人的存在，伊斯兰如何严拒崇拜偶像，到头来我却发现，埃及人最热爱的、最崇拜的，却是一位女人，且对她的爱，半个世纪来也未曾消减半分。

无论我如何漫无目的地在开罗街道闲逛，也不难发现乌嫚·卡苏（Oum Kalsoum，1898—1975）的踪迹。她的照片、她的塑像、她的海报，献给她的纪念咖啡馆Kaukab ash-Sharq、以其为名的纪念博物馆，乃至每天播放她的音乐长达四小时的电台、专门贩卖她个人专辑的唱片行，无处不在，她的音影，不但未随着她的逝去而消逝，反而一如往常般鲜活。

这位伴随着埃及的国家主义浪潮以及纳塞（Gamal Abdel Nasser）的独立运动而崛起、并被喻为爱国歌手的传奇女歌手，第一次登台却得以男

只有在开罗的Fishawi咖啡，我才可见取下头巾，穿着西式细肩带裸肩上衣与紧身牛仔裤的年轻女孩。

性的身份才能获得演出机会，而她扮成西奈半岛少数民族贝都因男孩的往事，如今却成为家喻户晓的趣事。

乌嫚·卡苏受到埃及人民欢迎的程度，或许可以从这段历史瞧出端倪。每月的第一个礼拜四，当收音机播放乌嫚·卡苏的Live Show时，整个埃及便犹如一座鬼城！因为所有的埃及人此时都聚集在收音机旁，凝神细听她说的每一句话，逐字逐句地跟着哼唱她的每一首歌曲；如此的热情使得歌迷听到乌嫚·卡苏去世的消息传出以后，没有人愿意相信，悲愤情绪激化成全国的暴动，光开罗一地便有百万人走上街头。

乌嫚·卡苏过世以后，每天下午六点不到，开罗与埃及其它城市的咖

啡馆内照旧涌入一批她的忠实歌迷，一如以往，他们共聚一堂、一同聆听每天下午六点播放的“乌嫚·卡苏”……三十年过去，这些歌迷都齿摇发落，身躯已老、热情却不熄，在他们的心中，乌嫚·卡苏才是唯一能够传达埃及人心声的歌者。

开罗的最后一晚，我来到Kaukab ash-Sharq咖啡馆，置身于一群老先生老太太间，聆听着乌嫚·卡苏的歌声、浏览墙壁上悬挂的老照片与画像，方才感受到一九四〇至一九六〇年间、那段澎湃激情的岁月，此时此刻的我，已然活在历史里。

纪念阿拉伯世界最伟大的乌嫚·卡苏（Oum Kalsoum, 1898—1975）的开罗咖啡馆Kaukab ash-Sharq。

清真寺的灯光，犹如在尘世里架起一座通往天堂的梯子。

沙漠的游牧民族——贝都因人

前往皇后之墓——《戴尔艾尔巴哈瑞》（Deir el-Bahari）的巴士，一如惯例，司机迟到了一个钟头以上，再加上对路线并不熟悉，很快的，我们便陷入前不着村、后不着店的一片荒漠之中，更糟糕的是，这辆车竟然半途抛锚了！陪同我一起搭车的还有一位荷着真枪实弹的警察，他开始面露不安，紧张地拿着步枪在车子四周踱来又踱去，眼光则不断地飘向沙漠的彼端。

“我们将受到恐怖份子的攻击！”人高马大的法国教授罗道夫突然吼叫起来。我完全没料到自己的人生终点是这么一片景致，心头顿时涌现古怪的念头：“死前至少得看到皇后之墓？也许恐怖份子可以帮我实现这个愿望？”

警察紧盯着远方，一列斑点大的黑点逐渐连成一线，并快速地朝我们前进，二十分钟不到，我们已可清晰地辨识出，这些黑色的斑点原来是四位骑着骆驼的孩童，最小的孩子看起来年纪还不满七八岁。

这四人的队伍中，我瞥见一位少女，不同于往常看到的埃及女子装扮，她身着黑色基调为主的Hidjab，还以长条巾罩住口鼻，而罩衫的底色虽是黑色，上面却布满了五彩缤纷的花纹，看起来分外抢眼。

一察觉到我盯着她瞧，她立即驱身向我，以近乎乞求的眼光询问我是否愿意帮她拍照?

“一美金。”女孩的眼神使我倾倒，我不由自主地按下快门，没想到我的举动竟然带动了骨牌效应，一旁环伺的三位孩童也随之跟进，一瞬间，我的眼前站着四只高大的骆驼。

年长的男孩指着我口袋里的钢珠笔，以简单的英文说：“给我！”

我掏出另外一只递给他:“这只送给你，口袋里这只不行，上面印有法老王，我得留做纪念。”他有点失望，但仍勉为其难地收下，随之摆出Pose，要我为他拍照。

“你们是一家人吗？”我转头问男孩

他指指女孩：“对！萨乐玛！十五岁。我是撒米，小男孩叫穆西，那边那位小女孩，我不知道，她是自己跟过来的。”我瞧见小女孩牵着骆驼，站在他们后方一尺之远处，怯生生地望着我。

“你们打那儿来？”

“很远，西奈半岛。”

“你们是贝都因族吗？”

男孩开心地笑着，似乎很高兴有人还知道贝都因部族。

事实上，埃及观光业的发达已经使得贝都因族的传统文化逐步地消失；原本以牧羊维生的沙漠游牧民族贝都因人，如今流散至埃及各地，成了为外国观光客服务的沙漠向导，或者专供游客拍纪念照的人像模特儿；而金钱与物质文明的力量，不知使世界多少稀有部族的传统文化濒临灭绝的边缘？但是，这一切，又有谁还在乎？

两位皇后

我们在萨乐玛等人的引领下，一同骑着骆驼来到皇后之墓——戴尔艾尔巴哈瑞。这座神殿是埃及历史上最著名的一位女王哈采普苏特（Hatshepsut）在世的时候修建，是埃及至今留下来的少数雄伟建筑。

埃及的历史若以女性史官的角度来写，大致上可分为法老王统治时期和伊斯兰统治时期；法老统治时期的埃及，女性也可当家作主，美智双全的埃及艳后，以及埃及最著名的女法老哈采普苏特（Hatshepsut），都是显著的例子。

虽都身为女人，哈采普苏特却喜以男性法老的形象出现，包括戴假长胡须、穿戴男性法老的头套与服饰，而气派雄伟的戴尔艾尔巴哈瑞内墙浮雕上，就可看到她男性装扮的法老王形象。

相较于哈采普苏特皇后刻意的男性装扮，埃及艳后则始终不放弃女人味，并且妥善地加以运用，以扩张与稳固她的政治版图。

为了使埃及免于沦为罗马帝国的附庸，埃及艳后将自己打扮成维纳斯的模样，以玫瑰精油涂抹全身、将埃及所有的船帆浸以玫瑰精油，并于每艘船上燃烧玫瑰香膏，浩浩荡荡地以玫瑰舰队迎接骁勇善战的罗马战士，在浓郁的玫瑰香味阵仗中，神勇的安东奥尼彻底地降服，自此成为埃及艳后最亲密的盟友。

公路餐厅的洗礼

前往卢克索（Luxor）的那班巴士这回迟到了三个钟头以上，风尘仆仆地在水泥路面颠簸了近三四个钟头以后，总算停靠在一家加油站。司机告诉我们："中途休息，四十五分钟。"

这家加油站附设有杂货店以及咖啡简餐厅，想到来埃及几天了，便秘的情况始终没有改善，便往餐厅的方向走去。一进入其中却发现，整间餐厅里不但没有灯光，也无半点色彩，偌大的空间里只有一位客人！气氛虽然冰冷，但也出奇的吵杂，一台画面闪动个不停的电视机，不断地传送着尖锐的音波……

埃及妇女最自由的空间，当属厨房，在这儿，她们可以无话不谈，尽情地享受片刻的独处。

食客低着头，一言不发地将面饼撕成一小块一小块，以面包代替汤匙，舀起盘中稀薄的红豆泥汤，一口一口送入嘴里。

“卫生间？”我焦急地问着餐厅的服务生、一位十四五岁左右的少年懒懒地瞧我一眼，却面无表情，好似我根本不存在似的。

我继续坚持，这回，总算获得他的回应，他指了指面前的长廊。

一条冗长的通道，无任何照明，墙上满布着引人联想的黄土色污点，地板上一片湿漉，我隐忍着一步一步迈向目的地，浓烈的臭味却使我无法呼吸，推门的那一刹那，我犹如开启地狱之门般、充满了惊惧。

地上，蠢蠢蠕动的蟑螂、空中，飞舞个不停的苍蝇，以及墙角监视着我的蜘蛛，此时此刻的我，宛如隔绝于世，置身于一个陌生的时空，却在此时，我多日以来的便秘问题迎刃而解，或许，得历经过如此这般的体验，才得以真正地融入埃及这个奇妙的国度。

便秘问题虽然迎刃而解，却激化为腹泻，使我不得不数度重返这个可怕的人间炼狱以解决我的当务之急。第三次来访时，我遇到一位带着一男一女，穿着黑色Hidjab的埃及妇人，她似乎毫不为此处的卫生状况所扰，将手提行李袋放在湿漉漉的地板上，取出其中的衣服，一件接着一件洗刷，直到全部的衣服都清洗完毕以后，紧接着又陪伴着孩子们上厕所，离去的时候，妇女的嘴角挂着满足的微笑，却留给我满心的赞叹！埃及女人的适应能力，的确让我望尘莫及，就算在最不堪的境遇之下，她们也能够甘之如饴，真是令我无话可说！但是，是否也因为她们的逆来顺受，女人的状况才难以大幅地改善呢？

你的眼睛像月亮

抵达卢克索不久后，我便发现此地男人对于外国女子的殷勤与友善，简直超乎平常。

埃及男人们先是欢迎我到此地，接着问我："你从哪儿来？"不管我的答案如何，他们都会千篇一律地告诉我："喔，这是一个非常nice的国家。"紧接着，他们会赞美我："我从来没有见到像你这般美丽的女子，你的眼睛就像埃及尼罗河上的月光般明媚动人。"

他们甚至会为我取一个埃及名字Kuma——月亮。不管我们之间的对话如何热络，最后都会以一句"你能嫁给我吗？"画上美丽的休止符。

当我忍不住问他们："为什么那么喜欢与外国女子结婚？你不担心文化的差异性吗？"他就会告诉我千百个异族通婚的幸福例子。

"你瞧那栋房子！"他们指着邻近的几栋漂亮的房子告诉我："这栋房子是某位埃及人与英国女人结婚以后所建，那一栋是与埃及人结婚的美国女人买的别墅，他们每年都会来此度假。"

当他们得知我来自何处以后，还会加上一句："我的表弟就是与台湾女人结婚，已经结婚了七年，他们有三个孩子，有房子与车子，幸福得不得了！你若不相信，我可以带你去看。"

尽管埃及男子们的追求显得如此炽烈，我却无法对这个"没有女人"的城市这一奇怪的现象视而不见。同是观光客密集的城市，卢克索的市景却与开罗或者亚历山德拉等大都市截然不同，我不仅看不到一位女子，就连在人潮聚集的咖啡馆与市集里亦然！到底此地的女人到那儿去了？

穆罕默德的晚餐邀请

为了亲眼瞧瞧当地埃及女子的生活状况，我接受了当地的一位朋友穆罕默德的晚餐邀请。我们先搭乘渡轮到平民聚集的西岸，再转乘出租车前

努比亚人在外墙与门窗上都以单一色彩画满了象征大自然、海洋与神明的几何图案，而靠捕鱼维生的努比亚人，在图案中更是大量出现鱼、海洋的图样，这也使得努比亚人的居所，相较于其它文明，显得格外地与众不同！

往，路程似乎颇远，花费近二十分钟，我们才抵达目的地。

这是一间位于窄巷内的黄泥土搭建的老房子，斑驳的鹅黄色墙壁，漆着咖啡色的三角锥形带饰，整间房隔成客厅、边房与厨房三间，客厅里摆放着一张土灶床、一把椅子，唯一的奢侈品是一台电视机，而提供全室照明的，是自两层楼高的天花板垂吊的一盏黄色灯泡。穆罕默德告诉我，这栋房子已有三代的历史，里面总共住有五十口人。

他带着我向他的母亲以及三位妹妹问安以后，随即打开电视，像着了魔般，目不转睛地看着；而他那受过大学教育、且担任老师的妹妹玛佳告诉我：“埃及人因为穷，所以非常喜欢看电视，看电视可以帮助他们神游不同的世界。”

但是，我们的谈话很快地转入另一个玛佳最关心的话题——婚姻。

“我好希望能尽快地与我的未婚夫完婚，他是潜水员教练，结婚以后，我就可以辞掉我月薪才一百块埃及镑的工作，专心地在家当家庭主妇，照顾孩子。”

“那你不就变成‘零’收入？”

玛佳犹豫了一下，“也许，我做些零工，赚点小钱。反正，我的丈夫会养我！”讲到此处，虽然语气坚决，却显得有气无力。

“潜水员收入高吗？如果他的钱都拿去娱乐他自己，你怎么办？”

“我能怎么办？我生在埃及。”这句话好像一句诅咒，萦绕在每一位埃及女子的脑海里，成了禁锢她们的无形监狱。

“你难道不能离开埃及？你可以工作存钱，存够了钱，你就可以离开这儿。”

“没有男人的陪伴，我不能够离开这里，更不可能到海外！除非……”

“除非什么？”

“除非我丈夫陪着我！”她眼露渴望地看着我“我真想看看其它的国

家，比如，你住的地方！像你一样四处旅行！但是，埃及是个贫穷的国家，我们可能终生都无法离开此地。”

讲到此处，玛佳突然站起来，俏皮地看着我、以命令的语气说：“你去泡茶给我哥哥喝。”

我在她的坚持下，来到隔壁的厨房，她自石台上取下一只玻璃罐，打开盖子、让我瞧看里面装的红色花朵。

“你喜欢Karkadai？”

“非常喜欢。”事实上，一路上，我不知已经喝了多少杯这种冰镇的埃及洛神花茶。

玛佳取出一只一公升大容量的食物铁罐，开罐器的锯齿痕迹依然清晰可见，她要我带着它到帮浦机的旁边。

“你会用这个吗？”我摇摇头。

她示范了一遍，随即要我换到她的位子、如法操作！

我依样画葫芦，却画虎不成反类犬：拉起帮浦的拉杠用力地往下压，

“我们在墙上画下我们的生活。”我的埃及朋友穆罕默德如是说。
努比亚人喜将人生每个阶段的精彩故事以及生活经历，以图像留下纪录，比如这张位于他家中庭的壁画，描绘出一家大小前往清真寺朝圣的那段沙漠之旅，而这些图像全出自他那不满六岁的小男孩之手！

却不见水流下来的半点痕迹，我使出吃奶的力气，再用力地往下压，这回水总算流出，但是流量与玛佳的相比，简直是雷声大雨点小。

玛佳的表情简直乐透了！却强按捺住内心的笑意，故作不知地要我继续努力；为了获取这一公升的水，我花费了近十分钟的时间，等到水打好，我已累得不想喝茶了！

还好接下来的工作由玛佳接手。

等到水沸以后，玛佳直接以手指捏着滚烫的铁罐边缘，将滚水倒入放有Karkadai花的两只茶杯后，紧接着又将铁罐放回炉上。

“你不怕烫吗？”

她笑着说：“早习惯了！”

玛佳取出糖罐，问我要几颗，我摇摇头，她却告诉我：“记得，穆罕默德要四颗糖。”

我不知道她为什么这样做，难道她以为我要一辈子为穆罕默德沏茶？她的想法让我紧张，她却反要我将茶端去给穆罕默德。

穆罕默德一言不发地接过茶以后，继续盯着电视。玛佳要我到厨房去张罗晚餐，这回，我决定死皮赖脸地坐着不动，玛佳大笑着离去……

半个钟头过后，我突发奇想……

“穆罕默德。”

“嗯……他头也不回地应声。

“我想喝茶。”

“还想喝？不是刚喝完？”

在我的坚持之下，他挣扎着离开电视、来到厨房门口，打算叫姐姐妹妹代劳，却发现她们不是忙着哺乳，就是忙着做晚餐。

“现在没人，等一下，等她们有空的时候。”

“你可以泡给我喝呀！”

这个要求使我发现，原来穆罕默德从来没有进过厨房，泡茶对他来说，可是一件比开车还困难的事！

他不仅用帮浦汲水的动作笨拙，用手指夹铁罐时，也因怕烫而弄翻了整只铁罐，并差一点被滚沸的开水给烫伤，吓得他哇哇大叫！直喊着：“妈！姐！”

那一晚，我总算深切体会了埃及的男人本色。

我在开罗的穆罕默德·阿里的清真寺外，巧遇一群小学生，男孩们为了抢镜头，拼命地推挤女同学到后列，我费了好大的劲，才得到这张有女孩参与的照片。

结语——男人的天堂

临别埃及的前夕，我有些怅然，虽然埃及男人口口声声说他们热爱女性、尊崇女性，并且以埃及艳后的后代子孙为荣！然而，这一路上遇到的埃及女子，相较于《中央车站》电影中不肯向命运低头的哈鲁娜，以及一个世纪前为埃及女权以及阿拉伯世界女权奋战不懈的那些女性先驱，无论是埃及最著名的女法老哈采普苏特与埃及艳后、来自沙漠的贝都因女孩萨乐玛、埃及人心中的万世巨星乌嫚·卡苏，还是只能于夜晚狂欢的开罗女子，或宿命的玛佳，都必须以男人的形象，或者仰赖男人，才得以立足于天地！她们的逆来顺受，使得埃及女人的境遇，只能如公路餐厅厕所里洗濯衣物的主妇般卑微。

我不由回想起在阿布·辛贝（Abu Simbel）小镇里一位旅馆侍者的话："埃及！是男性的天堂。"然而，不见女人的这个天堂，色彩是多么的单调无趣！

France

story-04

享受人生的女人 France 法国

以《玫瑰人生》一举登上法国香颂天后地位的爱迪·琵雅芙（Edit Piaf），于一九六○年，在全法国首屈一指的表演厅奥林匹亚，以查理·杜蒙的《我无怨无悔》，为她的一生写下完美的句点。她以自己的人生，向世人证明："如果不能够随心所欲地过自己想要的生活，无怨无悔地做自己，当'爱迪·琵雅芙'还有什么意思？"

塞纳河畔的情侣：将初吻献给了我。

我的爱人，为什么你总是冷冰冰地不回应？

每逢我单飞前夕，外婆与母亲总是以一副“王昭君出塞，一去不复返”的语气，再三叮咛我：“善自珍重！”然而，每当我完成一趟高难度的旅行，母亲与外婆就直说：“不可思议！你可以独自到西伯利亚、印度、纽约哈林、非洲旅行，我想你以后哪里都可以去了！”我的一再出走与返乡，终于激起她们心中的涟漪，她们对现实心不在焉，梦想着海岛之外那未知的世界，甚至发出宏愿：“有一天，我也要丢下烦恼的一切，一个人旅行。”

然而，外婆与母亲的梦想却始终停留在梦想。未曾独自旅行过的母亲，尚未完成一个人旅行巴黎的壮举，便在一个风和日丽的日子里选择结束自己的生命。如今的她，哪里也不能去，只能静静地躺在床上神游。虽然，我不知道这样的她是否比较幸福，但是，看着她那陷入永远沉睡的脸，想起母亲生前最爱读的书《三毛流浪记》，我知道此时此刻的她必定悔恨、不甘！如果母亲没有选择留下或是自杀，而是选择一个人去旅行？

女人付钱·男人买单

第一次飞抵母亲梦想中的巴黎时，整个城市依然沉睡，凌晨五点半的街道，家家紧闭门窗，灰蒙蒙的天色中，出租车载着我抵达位于十八区的梅里蒙顿街，我等待着司机帮我将笨重的行李从后车厢里取出，却看他原封不动地坐在驾驶座上，我见状也不肯下车，心想：车窗上不是贴着行李费必付的声明吗，难道死要钱，不提供服务？这样的僵局持续了好一会儿，司机开始播放法国香颂，边听边唱起来，我一百个不情愿地取出行李，乖乖付费，冷战才宣告结束，司机马上堆起满面笑容，送给我一句："祝你在法国生活愉快！"

目送出租车离去，我终于大梦初醒！哀怨地一人拖着行李至公寓门口，了解法国可不是什么人人口中，专产浪漫绅士的礼仪之邦，而是女人付钱让男人养尊处优的国家。

法国男性的沙文主义也使我终于了解，为什么在这个最后赋予妇女投票权的欧洲国家（注一）里，西蒙娜·德·波伏娃（Simone de Beauvoir, 1908—1986）虽写出《第二性》(1949)，但是与萨特的情爱关系中，这位法国女性知识分子却一反她的独立宣言，为了维持表面的第一位置，竟然甘愿成为他专属的皮条客！难怪侯麦（Eric Rohmer）电影里，聪明的法国女人谈情说爱时，多半无疾而终，甚至演变为弗朗索瓦·欧容（François Ozon）《八美图》(8 Femmes）里，女人集体谋杀男人，宁愿与女人谈情说爱，也不愿为爱成为男人的俘虏！

蓬皮杜现代美术馆旁的喷水池边，一位女子春梦正酣。

安洁莉卡咖啡馆的女侍，温暖的笑容，一如该店的热巧克力般，散发着让人难以抵抗的魅力。

咖啡馆女侍

来巴黎一段时间后，我养成了每天一早喝咖啡的习惯，而上午八点，是巴黎咖啡店开始营业的时间。

一如平常，我来到街角的咖啡馆，当我推门而入，发现出现于眼前的，不是平日的秃头侍者，而是一位穿着露背红色洋装的褐发女子；眼角的鱼尾纹与布满红色斑点的双臂显示她的青春不再，然而，这些丝毫没有减损她的魅力；低胸的V字形剪裁、露出若隐若现的胸部，露出脚踝的红色细跟高跟鞋、使得线条匀称的小腿更加优雅，而深蓝色的眼影不但突显出她动人的蓝眼珠、还使得她的眼神看起来特别妩媚，她慢条斯理地来到我面前，挺起玛丽莲梦·露般的胸膛，娇媚地问我："早安，来杯咖啡与黄油可颂面包吗？"

当我仍处于神魂颠倒的状态时，女侍已经端来了我的早餐，她的笑容好似暖烘烘的烤炉，刹那间，整间咖啡店弥漫着刚刚出炉、冒着热气、漂浮着醉人奶油香气的可颂面包味。

从那一天开始，我成为这家店里的常客，每天见到这位光鲜亮丽、明艳动人、热力四射的咖啡店女侍，我的心情也随之愉悦起来，我暗自问自己，当我有她年纪的时候，我敢不敢像她一样在大庭广众之前，穿着性感的洋装出来买菜？想着想着，自己已如一只泄了气的皮球……

夜巴黎的女人

有位言谈举止都神似侯麦电影中女主角的巴黎女友，某次，对着态度轻佻的男子说："我不喜欢下午的恋情。"这位男子于是问她："那你喜欢什么？"她毫不犹豫地回答："我喜欢夜巴黎，因为最有爵士的味道。"

"为什么是夜晚的巴黎？"这个问题始终盘旋在我脑海，直到多年以后，我才领会了夜巴黎的美，而巴黎的爵士活动，更可以"一年四季，无处不在"来形容它的多采多姿。

周末在富丽堂皇的美丽殿饭店里聆听Jazz Band喝下午茶的巴黎贵妇、六月音乐节伴随街头音乐家在大街小巷载歌载舞的年轻女学生、九月小城市公园爵士夜中抽着香烟醉眼惺忪的女子，凌晨的蒙马特咖啡馆里狂跳Swing & Be-bop舞的疯癫女人、地下铁内唱得浑然忘我的爵士女歌手，不仅这些巴黎女人骨子里不自觉流露出的爵士味，就连巴黎的空气里，也无处不弥漫着慵懒迷醉的爵士情调。

若非夜巴黎女人浓郁的爵士情调，伍迪·艾伦怎会于《人人都说我爱

我在三只铁锤爵士俱乐部里遇见这两位黑白乐手，男子入座没多久，便随着乐音闭目养神起来。

你》（Everyone Says I Love You, 1997）电影里留下影史中最令人难忘的这段——男子偕同前妻歌蒂韩一起漫步于诗情画意的夜巴黎，两人来到塞纳河畔，艾伦突然心血来潮问歌蒂韩：“好久没有一起跳舞了？”两人随即以黑色的星夜当背景，在柔美的萨克斯风伴奏下，翩然地跳起舞来……

不仅是伍迪·艾伦喜欢将塞纳河与爵士乐联想在一块儿，当我望见夕阳西下的塞纳河畔，紧随着一身香奈儿装扮的尊贵女主人身后的狗儿，翘起尾巴、抬头挺胸、左摇右摆地前行；河面上往来的客轮上，男观光客拼命挥舞着手帕，对着河堤两岸、踩着碎步，携同情人漫步的巴黎女子大声呼喊：“Hello! Hello!”都会莫名其妙地让我感受到Swing! Swing! Swing!

隆巴公爵的售票小姐

不过，我却觉得最有爵士味道的地方却不是塞纳-马恩省河畔，而是临近塞纳河畔，媲美曼哈顿第五十二街，有“巴黎第五十二街”美称的隆巴街（Rue des Lombards）。

这条离红灯区不远的街上，充斥了一家又一家风格前卫的朋克族Pub、同性恋俱乐部、情趣用品店、Sexy Girl Show Club，以及快餐料理店。不过，在这样的地方竟然栉比鳞次坐落着三家Jazz Club——神秘的隆巴公爵（Duc des Lombards），引人遐想的淫吻（Baiser Salé），反映爵士心情的日落（Sunset），真令我吃惊。

无论是装潢摆设或音乐风格，隆巴公爵、淫吻、日落都各有其千秋！每当万圣节一到，打扮妖冶的“人妖”与穿着奇装异服的“魔鬼”便占据了整条隆巴街，爵士俱乐部内更是怪物云集，好似亚当家族的聚会。

其中，我最喜爱的，是座落于隆巴街与赛巴斯托伯大道（Bd Sebastopol）转角的隆巴公爵；这栋两层的建筑物中的一面墙，完全被艾灵顿公爵的巨幅大头像填满，俱乐部的名称撷取自地名，并有向艾灵顿公爵（Duc Elligton）致敬之意。

我推门而入，里面连空气的味道也不太一样；无从辨认的体味混杂着神秘的香水味，酸酸甜甜的鸡尾酒香与辣辣的香烟味。坐在衣帽间内的售票小姐百无聊赖地点了根烟，对着墙面的落地镜开始揽镜自照起来，那晚她身穿一席低胸紧身衣，美丽的大眼

睛若有似无的，对着镜中的我望了望，回头递上门票时，她奉上甜甜一笑，我顿时觉得缺氧。

仅能容纳五六十人的空间中，挤入了不下一百多人的听众；我看看表，超过十二点了，街道上万籁俱寂，整个巴黎已进入沉沉梦乡，再过一刻钟，就是最后一班地铁了，却没有任何人离开，所有人都聚精会神地凝听着美国爵士钢琴家Kenny Werner三重奏的演出。法国音乐电台(France Musique)也专程派员来此现场转播，场内气氛温暖得很。望着此情此景，我不由想起理查德.史托曼所说：“世人每周工作十小时，只为兴趣而活。”这乌托邦美梦不已在这爵士世界里实现？

目睹《洛基恐怖秀》电影的超级影迷，在狭小的化妆间里上妆的过程，有如眼见这些女子一步步遁入魔幻诡异的想象世界，而她们，竟然在日常生活中扮演教师或者医生的职业。

单飞布列塔尼的法国主妇

性感且感性的法国女子，在面对婚姻的态度上却异常的理智。我周遭的法国女友，十之八九都是单身，并且多半出自意志的决定，其中，已有人生伴侣或孩子的，仍宁愿选择同居、而不愿结婚；也因为如此，法国政府特别为这群希望享有婚姻的权利与义务、却不愿受婚姻束缚的男女，颁布了一条“同居条约”，使得非婚生子女也可以入籍注册。

不过，不管已婚未婚，一般而言，法国人对于婚姻的态度都很坦然，他们甚至戏谑地自言：“法国的婚姻（mariage）里，因为比英文的‘marriage’少了一个‘r’，所以总是短暂。”不管此言真假，对于相信“不结婚就得不到幸福”的女子来说，我的这段法国布列塔尼之旅的体验，或许为法式婚姻提供了不同的想法。

开往法国西部布列塔尼（Bretagne）的旅游巴士里，除了司机以外，清一色的都是女性，连导游也不例外！更令我惊奇的是，这些女性的年龄从二十多岁的未婚女子到六十多岁的祖母都有，却都是一个人旅行，不由得使我心生好奇，法国女人怎么都迷上单飞啦？经过几天的相处以后，我终于明了，原来这些法国女人都有不得不单飞的苦衷。

坐在前座的贝姬，年纪约莫四十五六，平时非常地缄默，一睡着就开始发作，先是口里念念有词：“我不要离婚！不要离婚！”紧接着嚎啕大哭，等哭声稍微平息以后却开始打呼，呼得唏哩哗啦之际尿突然失禁，整间巴士顿时成了她的马桶；我们的心情被她搞得乌烟瘴气，却又不敢在此刻揭露她的创伤，只好一路默默地忍受。

坐在她身旁的另一位女性玛格，虽已是祖母辈，却终生未婚，膝下也无子，倒是有一同居的伴侣。她是乘客里最聒噪也最热爱旅游的，一年到头有半年都在外旅行，家里收藏了去世界各地旅游时买来的指南，并引以为傲！她总喜欢以自身的经验为基准、传授他人做人处世的道理，并且告诉我们何谓是非善恶。有一次，我颇不以为然地表达不同的看法，她便不再同我说任何一句话，甚至刻意地避开我；不过，她说话的声音分贝如此之高，让我无法不听到她以相当尖刻的字眼戏称邻坐为“尿壶”，并且以她的不幸大开玩笑。

坐在我身旁的是一位不修边幅的中年女性丽塔，虽然她的实际年龄才四十多岁，看起来却比六十多岁的女人还要苍老；这或许是因为她的眉头总是深锁、不苟言笑，彷佛欢乐与她绝缘似的。当我慢慢打开她的心结以后才得知，这趟旅行结束以后，她将做出重要的抉择：接受出轨的丈夫继续三人一起的生活，或独自展开新生活？身为家庭主妇二十多年，她早已

蒙马特街头画家，将他的秘密恋人载入画中。

Portraits d'après
PHOTOS
PARTAGAS
MONTECRISTO

法国女子自由不拘，无时无刻不享受生命的态度，从这位女子边与三两好友在公园绿草地上讨论课业，边玩耍着气球可见一斑。

经忘记谋生的技能，如果选择离婚，她将如何生存？来自布列塔尼的她，想藉由这趟返乡之旅，寻回当初为爱离乡背井的勇气，思索自己的人生与未来。

我身后的女子吉娜，刚满四十岁，她的活力与智慧让我相信，四十的女人，虽然青春不再，却绝对明艳动人；然而，一路上始终坚持独行的她，却在旅程即将结束之时、突然变得多愁善感起来。原来，旅行结束那天也是谜底揭晓之日。她爱上了有妇之夫，一位在大学教书的教授，虽然他现在的婚姻也是外遇的结果，她却无法自拔地爱上这样的男人。在幼儿园担任幼教老师的她，希望在停经之前拥有自己的孩子，然而，眼前的男人却不能给予她想要的，她对男人下最后通牒；男人与她相约，分开一星期让热情暂时冷却，思考是否共组家庭。她决定利用这一星期旅行，让自己转移目标，眼看一星期的期限马上就要到了，以后的路该何去何从？

同样年届四十，看起来很酷的娜拉，是一位小提琴音乐家，她自始至终保持沉默，却喜欢与吉娜混在一起，当我与吉娜谈到爱情与家庭这个话题时，一旁的她突然打破沉寂、迸出这么一句：“谈恋爱？还不如拉我的小提琴。”

一星期的旅行将近尾声之际，贝姬居然奇迹似地不再梦魇，也不再尿失禁，并且开始与大家谈天说笑，嘴里还不时哼唱着民谣。丽塔的脸颊出现玫瑰色的红晕，并且穿起布列塔尼传统的绣花滚边洋装，整个人一下子年轻了数十来岁；上馆子时，她不但教我们以当地方言点菜，还热情地告诉我们正宗的可丽饼的做法、如何分辨布列塔尼品种的生蚝，并且告诉我们当地流传下来的精灵、仙女、巫婆的传说。

临别前夕，丽塔要我回巴黎以后保持联络，她希望传授我连她孩子都学不会的布列塔尼方言以及甜牛奶鸡蛋糕（Far）、布列塔尼蛋糕（Gâteau Breton）等当地料理；贝姬与丽塔的改变，让我看到旅行的魔力！也使我不由得想起母亲，如果，那一年、母亲抛下一切，单身去法国旅行……

普罗旺斯的母亲料理人

对外倡导自由、平等、博爱的法国，在两性问题上一直未有真正的平等，不仅在家庭关系里如此、在职场上亦然。

一直以来、法国料理界被视为专属于男人的天下，至今只有两位女性得以崭露头角；一位是曾在巴黎香榭里榭大道上的《露朵央》(Ledoyen)餐厅掌厨，素有“铁娘子”之称的纪丝蓝·阿拉比雅（Ghislaine Arabian）；另一位是以抒情、感性的“母亲料理”，温暖无数异乡人心的海娜·撒慕（Reine Sammut）。

普罗旺斯的母亲料理人海娜·撒慕。

为了拜访海娜·撒慕这位料理界的传奇女性，我在炎炎夏日里、开车南下前往普罗旺斯。开着没冷气的老爷车、一路饱览开满向日葵、虞美人与薰衣草的田野风光，在迷宫般的崇山峻岭间绕了个把钟头以后，终于在太阳快下山的时候，抵达干稻草小旅馆（Auberge la Fenière）的门口。我飞快地抓起摄影器材往花园里冲，想把握太阳下山前最后一道曙光，拍几张外景，然而，一位头戴汤姆历险记中的哈克帽，手里抓着水管，上身打赤膊的彪形大汉拦住我……

我心想：他大概是中了彼德·梅尔的毒，跑来普罗旺斯寻找比加州阳光更灿烂的天体营会员、或尝试装下一卡车美食的美国大胃王、或来自意大利的无聊男子？深怕一纠缠下去，就连半张照片也拍不到了，情急之下，猛地回头、义正严词地大喊：“我找海娜· 撒慕女士！”他一听，更积极地跟着我，等我安置好摄影器材、选好角度、准备拍照时，他突然又跳到镜头面前，手里还抓着那条浇花的水管说：“何不拍我？”我仔细端详眼前这位Hot先生，皮肤黝黑、但长相英俊，可惜患了法国男人二十五岁以上即有的秃头症，只好勉强应付：“好吧！就一张。拍完，我得做正事了。”他很顽皮地眨眨眼回答：“好！我先去找我太太海娜• 撒慕。”留下一旁发愣的我。

不一会功夫，头戴流浪小乞儿帽的海娜• 撒慕迎面走来，她一手提着一大篮刚从后花园采来的新鲜蔬果，嘴里嚼着刚采收的西红柿，活泼的眼神中，流露着慧黠，如阳光般灿烂的微笑，顷刻间为疲惫不堪的我注入一股活力。

她亲切地邀请我一块喝杯咖啡。海娜• 撒慕的先生纪伊，这回穿上了黑色西装，坐在她身旁，不断以关怀的眼神望着妻子，似乎担心她太劳累；海娜• 撒慕沉静地回应，脸上始终挂着温暖的笑容，突然间，这对夫妻似乎达成了无言的协议。

纪伊表情非常严肃地先开口：“我是主厨的先生。”我忍不住大笑起来，眼泪都流下来的我，边擦拭着眼泪，边强忍住笑意，他却一本正经地重复这句话：“真的！我以身为主厨的先生为荣。我的祖先来自北非突尼斯，之后辗转来到了意大利西西里岛，最后到了地中海上、一个名不见经传的小岛马耳他岛（Malte），当时岛上仅只一百七十人，虽为英属殖民地，却是唯一未受到帝国主义影响的地方。当时，传统的地中海料理与今日的概念不同，今日，我们一提到地中海料理，就以为是橄榄油料理，其实，传统的地中海料理就是所谓的‘母亲料理’，是母亲们为了保护族群，并与其它不同的族群分享爱与欢乐而做出的料理。一直以来，女性们就在地中海地区的社会里扮演主角，因为，无论在智慧上、敏感度以及感情上，女性皆凌驾男性。如今，女性的才干、智慧与贡献，却被男性为主的社会所刻意忽略，并且，我们刻意避免触及两性不平等的问题。”感情丰沛的纪伊讲到这儿，双手激动地颤抖，脸上流露着痛苦的表情。

至今仍深爱不渝的他俩，不时深情地望着彼此。望着眼前这对结褵二十年的夫妻，完全一反我对法国厨界“夫唱妇随”的看法，反而是成功的女人背后都有位伟大的男人！

英格的舞蹈人生

经历过一九六八年五月学运的那一代法国女子，个性都显得特别的自由、豪放不羁。和英格通电话的那天，窗外的巴黎天空正飘着细雪，她和我在电话里谈了足足三十多分钟，却始终无法尽兴，最后我们决定相约于

玉榭小地窖（Caveau de la Huchette），这个充满传奇的地方，她要我亲眼目睹这间巴黎最古老的爵士舞俱乐部的风采。

喜爱跳舞的法国女子，每周定期来玉榭小地窖报到。

玉榭小地窖于五十年代被称为“拉丁学生俱乐部”，因所在地拉丁区是人文学术圣地，巴黎所有知名的学院都聚集在此地，再加上收费十分低廉，自然而然地成为荷包并不怎么宽裕的学生们集会交际的场所；但是，随着名气越来越响亮，观光客一波接一波涌入拉丁区，改变了此区的人文风貌；再加上各名校都先后迁移至郊区，取而代之的，却是名牌服饰店，麦当劳及希腊、土耳其快餐店，现在的拉丁区，只能算徒具其名的空壳而已。

面对此区人文环境的骤变，玉榭小地窖却坚持以不变应万变，完整地保留了五十年代以来的风格，收费也维持几十年来的传统，更重要的是，音乐风格坚持走传统路线。对老板丹尼·多利兹（Dany Doriz）而言，爵士乐就是纽奥尔良时期：如班尼·顾德曼（Benny Goodman），葛莱·米勒（Glenn Miller），以及席德内·布歇（Sidney Bechet）等人，再加上一点点咆哮乐前期；在这儿，绝对听不到酸爵士（acid Jazz）或自由爵士乐演出。

这位来自马赛的女郎英格，已是祖母级，这次特地带着孙子、儿子及他的女友，亲朋好友等一行十二人，前来此地欢度她五十五岁的生日；不仅因为玉榭小地窖是改变她一生的重要关键，也因为她和玉榭小地窖的不解之缘，早从十八岁那年即开始……

三十七年前，她第一次来到巴黎，听说玉榭小剧场（Théâtre de la Huchette）十年如一日，每晚演出“荒谬剧场”大师——鄂建能• 伊欧聂斯寇（Eugène Ionesco）的两部代表作——《秃头女高音》（La Cantatrice Chauve）及《课程》（Le Leçon），因此慕名前来。当时英格已经是咆哮（Be-bop）舞初学者，来剧场的途中看见这间爵士舞俱乐部，好奇心加上爱现心使然，她推门而入，一跳就停不下来，足足跳了三十七年。如今，这里从上到下，没有人不认识她，每次来此，她都有回家的感觉，此外，她还有一个固定的周六舞伴。

罕见的女刺青师。

身着保罗・高地耶特制的面包服饰的美术馆女服务生。

每个月倒数的最后一个周末的星期五上午，英格独自开三十分钟的车到火车站，搭乘早上第一班从马赛前往巴黎的火车，只为了在全巴黎气氛最独一无二的爵士俱乐部——玉榭小地窖、与全法国最好的be-bop舞者一起跳舞渡过周末。

“跳舞，使我忘掉一切人生烦恼，让压力顷刻间都化为乌有。”英格对我如是说。

“你的先生也跳舞吗？”

“不仅不会，他也不喜欢跳舞！这也许是我们离婚的原因。结婚的二十二年间，我一年只能来两次，离婚之后，每隔三、四周便来。”言下之意，舞蹈成他俩沟通的主要障碍。

舞池中，男女成双成对，浑然忘我地跳着双人舞，男士引导着女士，或反之，彼此因舞蹈而产生身心相契的美好感觉；身材圆滚的英格与外形瘦骨嶙峋的星期六舞伴彼此配合无间，男子的一个眼神、一根手指头，便足以传递明确的讯息，暗示英格他将做空中翻滚跳，英格也以指尖触摸她的舞伴，告诉他：“I’ m ready! Let’ s go!”

英格的舞蹈人生，曾使得不少人羡慕，认为她可以依照自己的意愿、过自己想过的生活；但是，英格所做的，也不过是买张车票来巴黎而已；旁人无法拥有如她一般的生活，只因缺乏想做什么就努力以赴的勇气。

活出自己的法兰西女人

以《玫瑰人生》一举登上法国香颂天后地位的爱迪·琵雅芙（Edit Piaf），于一九六〇年，在全法国首屈一指的表演厅奥林匹亚，以查理·杜蒙的《我无怨无悔》，为她的一生写下完美的句点。她以自己的人生，向世人证明："如果不能够随心所欲地过自己想要的生活，无怨无悔地做自己，当'爱迪·琵雅芙'还有什么意思？"

巴黎人如此喜爱爱迪·琵雅芙，不仅因她铿锵有力的咬字唱法，蕴藏着饱满的生命力量，她那令人心碎的歌声，更将所有的听者都卷入她那充满悲剧又璀璨的人生。爱迪·琵雅芙一而再、再而三地在众人面前强调："没有爱！我无法活！"塑造了她"为爱而生、为爱而活、为爱而死"的法国女性形象；而现实世界里，她与不少男人的爱情故事却多以悲剧收场，这使得她的《玫瑰人生》短暂、璀璨，却也充满了宿命感与神秘性。而我身边的法国女友们，各个都是爱迪·琵雅芙的缩影。她们聪慧、乐观、积极、美丽，勇于求爱，从自己的人生里了解到身为女性的艰辛，却能勇敢面对，从不放弃追逐梦想以及拥有梦想的权力。

不同于亚洲美女，她们鲜少浓妆艳抹或整型隆乳，喜爱以素雅的装扮与不经修饰的自然体态出入公共场合，却以高雅的品味与性感而闻名于世；她们举手投足不拘小节，对公众

位于巴黎的这面海报墙，乃是出自艺术家季尔·班斯马纳（Gil Bensmana）的精心杰作，对于这些一直满腹牢骚，宣称："因为罗亚尔夫人不是'男性'而拒绝投票给她的选民，这会儿，可真是看到奇迹了！"

事务热心参与，面对各种议题皆能侃侃而谈，热情狂野又蔑视传统的特质，使她们对基督教提倡的禁欲主义与婚姻制度多嗤之以鼻；她们渴求爱情与享受为人母的喜悦，却不希望因此而失去行动自由、经济独立与人格自主；她们乐见自己美丽出众，却无法忍受男人视她们为"第二性"。

对法国女性而言，娇媚温顺的女性一如印度的种姓制度，都是虚伪不实的人工产物！尽管如此，多数的法国女性却从未真正达到波伏娃所希冀的"活得自由，思想自由与爱情自由"（注二），这些都归咎于法国女性对政治漠不关心！她们倾注全力，将才情与智能用于艺术、文学与时尚领域，如时尚界首开裤装、短发、平胸短外套的香奈儿；以《情人》小说直言无讳男女性关系的玛格丽特·杜拉斯；或是出身布尔乔亚阶级，却写出《第二性》，提出"我们不是生为女人，而是变成'女人'"的波伏娃。

不过，罗亚尔夫人的参选，却为二〇〇七年的法国政坛，掀起了前所未有的性别与政治激辩，"女人可以挤身男性主导的法国政治领域，并一举登上法国总统宝座吗？"这一场唇枪舌剑，长达数月，终于在作家维吉妮·德斯潘德的这句话里写下句点："我们耗时费力，只为了知道领导人有没有卵巢？下巴有没有胡髭？或者两者都有吗？”当法国人民以圣女贞德称颂罗亚尔夫人时，她却未被这个美誉冲昏了头：“我可不想成为圣女贞德，她可是被众人放火烧死的。”谁能说这位穿短裙的美女没有头脑呢？

结语——享受人生的法国女人

虽然并非所有的法国女人都拥有一如罗亚尔夫人或者海娜•撒慕般的幸运，有位体贴入微、妇唱夫随的人生伴侣，但是，她们却多半一如喜爱跳舞的英格或喜爱单飞的小提琴家娜拉，非常懂得及时行乐，并且一如咖啡馆的女侍与隆巴公爵的售票小姐般、勇于秀出自己身体的魅力，她们对人生的态度，或许可从《对不起，爱上你》（Belle Maman）这部电影中，女婿与丈母娘间的一段对话可见：

女婿：“来杯咖啡如何？只消五分钟？”

到了咖啡馆，女婿并未点咖啡，反而点了一客香草加巧克力冰淇淋，丈母娘问他：“你喜欢巧克力还是香草？”

女婿却斩钉截铁地回答：“我喜欢香草！”

“那为什么先吃巧克力？”丈母娘不解……

“把好吃的留到最后。”

“若是你在吃到香草之前不幸暴毙了？或是，吃完巧克力以后饱了，再也不想吃香草？”

我想，大部分女人都如同剧中的女婿一样，习惯为了阶段性的目标，刻薄对待自己，满心希望，到了目标达成的时候，再开始享受人生；但是，人算不如天算，随便一个天灾人祸，辛苦转眼付之一炬！人生虽然需要为理想奋战不懈，但也要时时记得善待自己、善待他人，活得尽兴、活得愉快！所以，疼惜自己的女人，还是学学不快乐的法国家庭主妇贝姬与丽塔、或者为不伦之恋所困的吉娜，抛下一切，勇敢地出走、单飞去吧！

注一：一九四五年五月，法国妇女终于得以享有选举权与被选举权；然而，六十多年后，女性政治家仍是凤毛麟角，就算在若斯潘政府的大力推动下，通过妇女保障名额制度实施奖惩办法，当今的法国政坛，妇女从政的比例仍旧维持在百分之十。

注二：一九九九年，在法国女性议员们的大力支持之下，若斯潘政府通过了“同居协议”(PACS)，这使得法国女性再也不须忍受婚姻制度长久以来加诸于女性的不平等，得以拥有她们梦寐以求的同居关系。尽管如此，多数的法国女性却从未真正达到波伏娃所希冀的“活得自由，思想自由与爱情自由”。

Senegal

STORY-05

女子的美丽与哀愁 *Senegal*

塞内加尔

塞国女子的能干与聪慧给我留下深刻的印象！
然而，能干聪慧的塞国女性，却也栽在一个问题上。

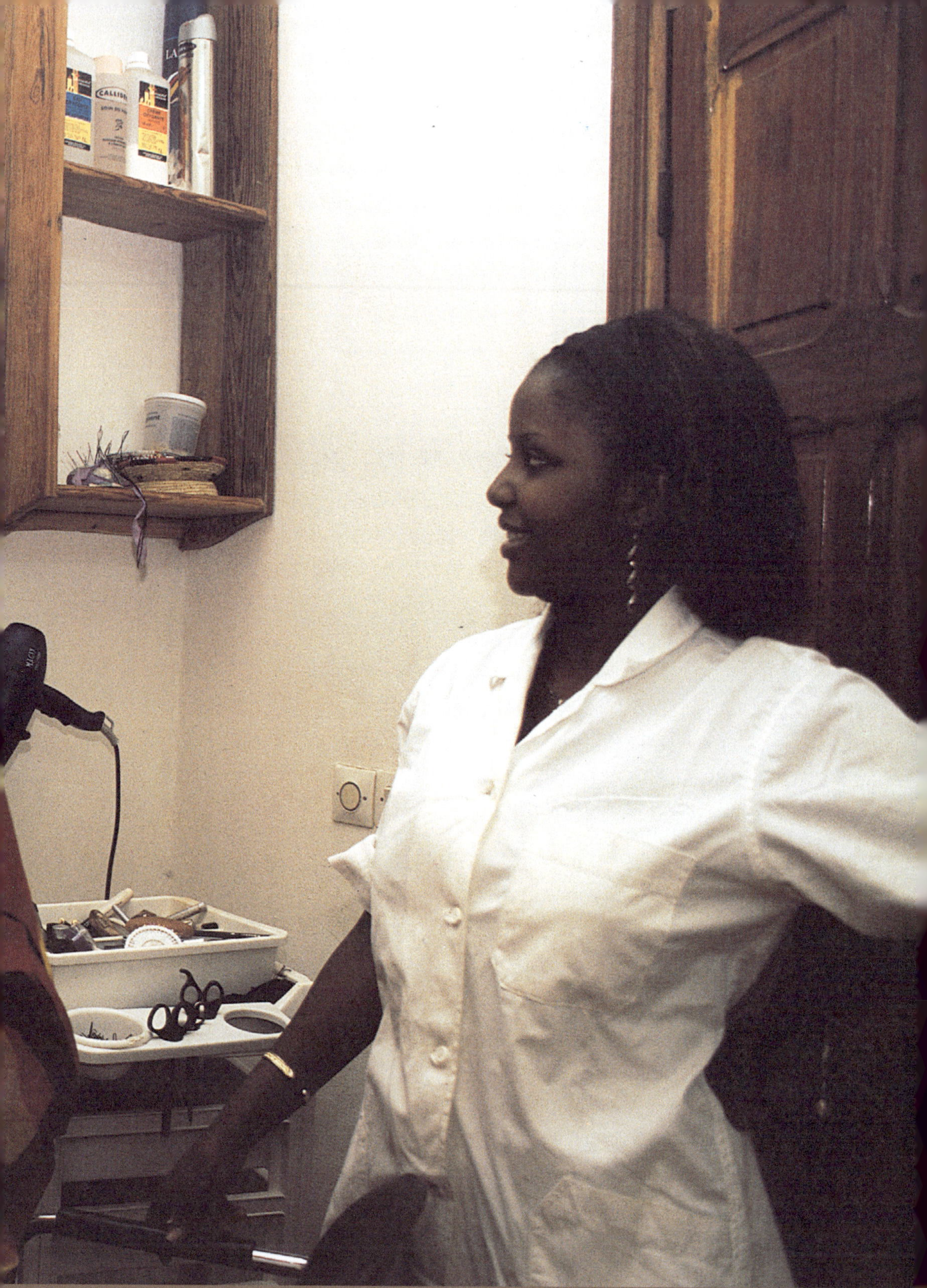

爱美的布布女子在美发院做最新的造型。

黑奴历史闻名于世的戈黑岛（Île de Gorée）上，座落着不少艺术家工作室，但是每家建筑皆具特色。

初抵塞国时，当地女子的能干与聪慧立刻给我留下深刻的印象！不仅各地皆可看到女性为生活辛苦打拼的身影，以黑奴历史闻名于世的戈黑岛（Île de Gorée）上，也设有以塞国女性为主题的女性博物馆，以及著名塞国女作家玛丽雅玛·巴（Mariama Ba）为名的女子学校；此外，而各地枚不胜举的民间妇女团体组织，也见证了塞国妇女意识的抬头，以及女性问题受到社会普遍的关注。为了改善妇女自身的权益、提升妇女的地位、塞国女性也敦促政府特别成立女性部，由女性出任部长，影响所及，连塞国历届的文化部长也均由女性出任；然而，能干聪慧的塞国女性，却也栽在一个问题上。

相较于西方世界流行纤瘦苗条美体概念，当地人认为体格壮硕、身材丰满，胸部具份量，且臀部的造型有如半球体般突显的女子最美。

爱美的布布女子

发薪日那天，远从刚果人民共和国嫁到塞内加尔的阿荷烈特，兴冲冲地带着我来到达卡的布料传统市集，指着布料店橱窗内五颜六色的衣料，不胜得意地告诉我："没有人比塞内加尔女子更爱美了！你瞧！那是来自印度及越南最新款式的缎锦，这些是卡萨蒙斯地区的手工针织布料、马里的蜡染印花布，以及最新款式的绣花蕾丝……"阿荷烈特目不转睛地盯着一块越南的手工刺绣蓝色锦缎，开始与店家讨价还价起来，半个钟头过后，她小心翼翼地从腰带里掏出厚厚的布包，才一眨眼儿功夫，厚厚的布包已削去一大半，阿荷烈特却一点儿也不心疼，喜不自胜地自店主手里接过战利品，赶紧带着我穿过几条狭窄的巷道，来到邻近的裁缝区。

她领着我进入其中一家，将刚买的布料交给一位年纪约莫四十来岁的男子后告诉我："他好比我们的家庭裁缝师，我的婆婆、小姑都在这做衣服。"阿荷烈特要求裁缝师做成三件式的非洲服饰布布（Boubou）——头巾、缠腰布与长袍，并告诉裁缝师，周六前务必赶出来！因为，周六晚上是全家人聚会用餐的时间，而这一天，对于重视家庭的塞内加尔人而言，可比自己生日都重要，也因为如此，每逢家族聚会的日子，便成了塞国女子展示新

塞国的传统艺术——印染布，与马利齐名，吸引了不少欧美观光客慕名前来，我在摩布尔(Mbour)拜会了这个村落唯一制作印染布的女性，整个家族热情地欢迎我的到来，并在伸手不见五指的庭院里为我详尽地解说非洲印染布的制作过程。

装的最好时机。

阿荷烈特穿上全新的礼服、费尽心思地绑出独树一帜的头巾造型、戴上珍贵的玉石及黄金首饰。为了使自己更出色，她还在美发院里花上个把钟头，要求设计师仿照《亲爱的》(Darling)节目中的模特儿，做出最新流行的发型！

阿荷烈特费心地将自己打扮得有如孔雀开屏，洋洋得意地在众人面前展现自己的美丽，并藉由互相较劲，争取在家族中的排名位置、炫耀丈夫对自己的宠爱、藉以彰显幸福家庭的形象；除了达到表面的炫耀与竞争目的，她内心也畏惧因缺乏魅力，使得丈夫转而投向其她女人的怀抱，她悲观地说："尽管信奉回教的丈夫结婚时选择一夫一妻制，我仍无法摆脱丈夫背着我偷情的恐惧。"

女人间的竞争在一夫多妻的家庭里更是尤甚，众妻子间为了争取丈夫的宠爱，不能不戒慎恐惧，随时随地维持美丽性感的形象；阿荷烈特四十五岁的小姑告诉我："尽管厌恶丈夫娶了三位妻子，为了维护自己的尊严与避免闲言闲语，在众人与丈夫面前，绝对不能露出蓬头垢面的模样。"

这也是为什么塞内加尔女子往往带妆就寝，因为青春美貌成了维系丈夫爱情与保持尊严的必要手段。

我总是在传统市场里，找到他处已荡然无存的草根文化。

注重情趣的黑人佳丽

塞内加尔女子们不仅在外表上争奇斗艳，连里子也暗中较劲。

兼具西方内衣作用，颜色得与布布外衣协调、样式性感妖冶的衬裙贝湫（Bethio），不仅颜色、造型、材质与式样千变万化，名称也引人遐思，如绷带是以造型犹如蚕茧的白色棉球、浸染了挑逗情欲的玫瑰香精以后，串成珠链裙，暗谕“亲爱的丈夫，你有任何不适，我都可以治愈”。除了贝湫以外，塞内加尔女人间还争相比较谁的佳丽佳丽（Diali Diali）最性感。

这条以玉石或彩珠串成的链子，自诞生之日起，就缠挂在女婴的腰间，成为女性魅力与性感的象征，也成为绑住丈夫、营造夫妻之间情趣不可缺少的秘密武器，因身体一动，珠子就发出“磨ち磨ち”的声音，阿荷烈特甚至故做神秘地对我耳语：“这声音可以刺激男性的情欲！”

塞赫族女子随着旋律，一点一点拉起裙摆，突然以迅雷不及掩耳的速度将裙子拉高至腰际，露出性感的贝湫。

塞国女巫法特卡特（FAT-KATE），自称具有无远弗届的魔力，可以治愈一切的疾病，她告诉我，她曾以一颗鸡蛋、祖母的祖传护身符、豺狼的骨头，以及某种树木的顶端做成的神奇药方，帮助一位远道前来的法国贵妇赢回丈夫的心，为此，法国贵妇还为她搭建了好几栋房子作为谢礼。

不过，佳丽佳丽的妙用还不仅于此；在电力缺乏的内陆地区，妻子穿戴夜光珠子串成的佳丽佳丽，使丈夫在伸手不见五指的房内，也绝不会错失目标。

而擅于营造闺房之乐的布布女子，也深黯香味之妙。走一趟各地的传统市场，不难发现当地女子特别偏爱以檀香为基础，混合乳香、玫瑰、茉莉、甜橙花、中东香料、古龙水、百花、山茶花等多种香精，混制成独门配方，于胸口与颈腰喷洒带有自己印记的神秘香水，或混合油膏、制成香烛，借着流连忘返的香味，留住丈夫的心。

圣路易贵妇人

塞内加尔有句俗语：“若是男子想婚，就来圣路易。”为什么圣路易的女子特别受塞国男子青睐？这与当地的历史有着不可分离的关系。

身在圣路易的法国军官与商人，限于当时法国社会视非洲为危险的野蛮之地，法律规定不得带领妻子一同前往，使得难熬独身之苦的法国男子，很快地屈服于当地混血女子非凡的魅力，他们还为此段因时制宜的重婚关系，取了个美妙的名字“时尚结婚”。

为了调教她们成为称职的伴侣，法国人送爱人前往圣路易的古宁圣约瑟夫修女院（Saint-Joseph de Cluny），接受修女们的“妇德”调教，而这套妇德规范融合了犹太、基督教与伊斯兰的妇德标准——讲话轻声细语、节奏不疾不徐、体态优雅、严禁疾步！以及混血儿本身对不同文化的包容与开放的胸襟，聪慧的头脑与干练的经营手腕，造就出她们不同于一般的特质。

这段婚姻关系使她们成为当时殖民社会里最有权势的贵妇人（Signare），并得于法国丈夫返乡后、享有再婚的自由、接管他们于此地的全部财产与买卖黑奴的生意。

在圣路易贵妇的积极推广之下，圣路易也成了当时的文化之都，最著名的文化活动莫过于十二月二十四日至一月一日间举办的跨年法娜尔（Fanal）灯会。

每逢法娜尔灯节，圣路易的贵妇人便穿上最奢华的礼服、戴上最昂贵的首饰，将头发梳成“冰淇淋”的高耸尖塔模样，领着几十人的非洲歌舞团，由身强体壮的家丁、扛起以当地殖民建筑为模型的五尺高灯楼，浩浩荡荡地穿梭于圣路易的大街小巷，除了炫耀自己的财富权势以外，贵妇人也藉此机会互相较劲，看谁的发型服饰最美、谁的歌舞最美妙、谁的灯楼最壮观。

美丽的圣路易黑白混血女子，因嫁给法国男子而成为殖民社会里最有权势的贵妇人（Signare）。

圣路易，有如笼罩在一层薄薄的金纱之下的城市，有着朦胧之美。。

除此以外，圣路易贵妇还发起一个不成文的社会运动——午后的约会。每天下午五点一到，圣路易女子们便不约而同地出现于费德伯广场（Place de Faidherbe），她们精雕细琢地打扮自己，骄傲地展示美丽，不但集聚了女人妒忌的目光，也成为男子注目的焦点，很快地，下午五点的约会成为当地最重要的男女社交场所，不少未婚男女就因此而找到梦中伴侣，而乐于竞争的圣路易贵妇人，也促使圣路易女子成为走在时代尖端的时尚女性。

土巴教主的妻子

对穆利德（Mauride）教派的回教徒而言， 大马加纪念日是他们一年一度最重要的节日，对于土巴主教的妻子们来说，也是一年中最忙碌的一天。

昏暗的灯光里，一位打扮得有如印度新娘般美丽的女子，静静地盘坐在高台上，恬静庄严的姿态有如女神；一位塔利贝（弟子）悄悄地在耳边告诉我：“这是主教的大太太。”并要求我披上白色的头巾，双手放在这位女子画满花纹的掌心上，以窝洛夫语请求她的祝福；之后，另一位塔利贝告诉我，这一天，她已经换了五次妆与五套礼服，并在那儿盘腿坐了十多个小时。

主教在餐室等候我。他与弟子们坐在铺着大餐巾的地毯上，一位盛装打扮的美丽女子，殷勤地将冰块与可乐注满我的杯中，并以简单的法文问候我，后来，我才知道她是大主教的二太太；而前几秒宛如圣女般不可亲近的大太太，这会儿却以布布家居服出现在众人面前，口里嚼着俗称“疗牙”的可乐果木剔牙棒，形象与之前判若两人。

在没有路牌号志的塞国村庄里，人人以自家的墙壁作为画布，运用涂鸦文字的风格，标示出住家的门牌号码与地址，并以漫画的技巧，简单生动地介绍他们的信仰、职业或日常生活。

二太太端出了三大盘菜肴，一盘盛着著名的柠檬洋葱烤鸡、玉米粒与香米饭，另一盘盛着大块的半筋半肉的卤汁烩羊蹄，问我喜爱那一道菜肴以后，将其摆放在我面前，接着将另一道菜肴摆放在主教面前，随之坐在主教右侧，与大太太和主教一起进食。大伙儿都纯熟地以右手捏出饭团的形状、且游刃有余地撕下一块块肉片以后送入嘴里，惟独我，既是左撇子、又不懂得如何用手吃饭，左右为难之间，二太太的姐姐贴心地要佣人送来一只调羹，并在大伙洗过手的肥皂水里涮了一涮以后，才交给我。

菜肴的滋味浓烈美味，我却食不下咽，因为用餐的气氛实在古怪！两位太太间一言不发、且绝不双目对视，宛如对方不存在似的，但是当主教与其中一位太太交谈，或交换一个眼神时，另一位太太立即皱起眉头，且刻意地转移视线，彷佛这一幕景象令她恶心。

二太太以为我吃不惯本地的食物，好意地端出冰酸奶，大太太也命人端来一大盘水果，两位女子照顾我显得无微不至，彼此之间却有如陌生人般，表情充满冷漠。当巴斯欧加哈贝大主教体贴地告诉我："我已经命人将床铺好，而且是两张大床，你可以选择喜欢的那一张。"我不假思索地回答："就如主教您，也有两张床可以选择。"

我身旁的塔利贝听后抑制不住地笑得全身抖动，表情始终冷淡的大太太也发出扑疵的笑声，惟独二太太与主教的表情显得不自在，另一位塔利贝问我："你有塞内加尔的男朋友吗？"

"没有。"

"你会嫁给塞国男子吗？"

大太太一听，双手直摇且歇斯底里地喊着："绝对不要！塞内加尔男人很'烂'！千万不要！"

对于普罗大众而言，非洲的政治精英绝大多数都不是为老百姓谋福利，相反的，是搜括民脂民膏以自肥！

我不由回想起刚刚拜访过的一位大主教妻子的话：“我一向讨厌分享！并且一直以来强烈反对一夫多妻制，然而，我的丈夫还是不顾我的感受，径自娶了二房；直到现在，只要有她在身边，我就食不下咽，也无法正视她，更不要提叫她的名字。”

如果一夫多妻制给女人带来如此多的痛苦，为什么男人仍坚持实施？

“因为先知穆罕默德娶了四个妻子，这也是伊斯兰教赋予男性的权利；除此以外，塞内加尔女性人口的比例是男性的五倍。”一位塔利贝如是告诉我。提起妻妾成群的大主教，他更是语带羡慕：“有些大主教还不只娶四房，并且妻妾同住在一个屋檐下。”

“不会产生家庭问题吗？”

“不仅会！还多得不得了！每天都闹出不少家庭纠纷，而妻妾之间的勾心斗角，也会波及下一代。”

可是塞内加尔男人依然故我，因为他只关心生理的需要，至于家庭内部的问题与感情的痛苦，都留给女性解决。

未成年女子割礼的迷思

伊斯兰教带给塞国女性的问题，不仅一夫多妻而已，更严重的是未成年少女的割礼，而塞国实施女性割礼的族群，尤以帝欧阿族、普尔族与曼地格族为甚。

我在曼地格族聚集的穆尔（Mbour）当地寻访曾经受过割礼的女子以及执行割礼的女子，却受到族长严峻地拒绝，他告诉我，族中的女子不仅不愿出面说出她们的经历，也因此事为族群里的禁忌，不过，经我几番坚持，族长终于同意告诉我族人之所以实施女性割礼的理由。

“执行女子阴唇割礼是上帝的旨意，凡是虔诚的伊斯兰信徒都得奉行。”族长信誓旦旦地指出古兰经第一卷、第二卷与第三卷里，数次写着割礼一事，并视未行割礼的女子为不洁，男子也不得吃这些女子做的食物、穿她们洗烫的衣物与喝她们端来的水；此外，根据传统的习俗，唯有行过割礼的女子才准接受族中长辈的成年教育；更重的是，男人认为受过割礼的女子，不会有性欲，可以终身保持贞节，就算自己离家多年，也不用担心妻子有外遇，在男性主导的社会集体压力之下，该族百分之七十以上的女子都行过割礼。

普尔族（Peul）无分男女，五官细致、体型修长，自许为塞国最美的族群。美丽的普尔族人，相当以自己传统文化为荣！这位普尔族女孩骄傲地告诉我：“这是我的家。”

然而，近年来不少伊斯兰大主教纷纷在媒体上公开宣称：“伊斯兰教并未要女教徒行割礼，这是非洲部落遗留下来的传统，根本与伊斯兰无关。”不管出自伊斯兰与否，割礼本身就是男权的象征，因为割礼割除的不仅是带给女子性快感的阴蒂与阴唇而已，还将女子的阴道部分缝合，仅仅留下一个小孔让女子排尿，目的是为了向男子保证该女子的贞操。因为到了新婚初夜，男人可以当场拆除缝线，验收成品，如此保护女子贞操的方式，不仅残暴，也给女性带来永恒不灭的心灵创伤，使得绝大部分执行过割礼的女子，终身蒙受性障碍以及难产的苦痛。再加上不少部落实施割礼时，不仅未麻醉，少女也已是十岁至十二岁，伤口难以

在普尔族村落的传统市场里，妇女促狭地头顶塑料桶向我致意。

愈合，甚至会因流血过多而死亡，而一刀多用与缺乏消毒的结果，也极易感染细菌，造成伤口裂开或溃烂。

虽然目前塞国媒体不断地倡导割礼之恶，但是，这个根深蒂固的传统仍深植民间，造成百分之八十的塞国女性都无法幸免。

尽管有如此陋习，塞内加尔的女性却不需要遵守阿拉伯世界强制戴头巾、男女授受不亲的规范，不但可以尽情打扮得花枝招展，更可以无拘无束地展现自己的性感。

塞赫女子的臀舞

为了庆祝四月四日的独立纪念日，当天晚上，卡霍（Kahone）村里的塞赫族女子特地举办了一场舞会，邀请全村的妇女与小孩一起参加。

一听有舞会活动，村长太太脸上立即喜形于色！她兴奋地取出两件"护身符"系在腰部与手臂上，并飞快地取出衣柜里的咖啡色内衣与褐黄色布布服，戴上黄金的项链耳环，仔细地在脸上扑上一层厚厚的蜜粉，擦上亮光金色唇膏、抹上香水以后，神采飞扬地步出阴暗的房间。

一到庭院，盛装打扮的姑嫂妹妹立即簇拥而上，一群女子吱吱喳喳地穿过没有路灯的黄土路，朝晚会举办的广场前进，抵达时，广场内已人山人海。大家围坐成圆圈，乐手们狂烈地敲打着沙巴鼓与铛铛鼓，简短的音符、铿锵的节奏、激情的乐声，使得一位妇女着魔般地拉起长及脚踝的布布裙，露出小腿，学着螃蟹的姿态、弯着双腿、左摇右晃地前行，滑稽的姿态吸引了所有观众的目光，与音乐家仅有数尺之隔时，女子随着旋律、一点一点拉起裙摆，突然一下子将裙子拉高至腰际，以迅雷不及掩耳的速度露出性感的贝湫后，立即松手、转身跑回观众席，紧接着，另一位女性出场。

她也以螃蟹跨步的方式前行到音乐家面前，突然停下脚步，弯下腰、将丰满的臀部对着音乐家、随着旋律旋转她的屁股，音乐家见此，突然扔掉鼓棒、露出情不自禁地想绑架舞者的发情模样，女舞者赶紧跑回观众席、音乐家紧追在后，第三位舞者接着上阵，音乐家悻悻然地重拾鼓棒、继续演奏。

如此这般的接龙方式持续了整整六七个小时，大多以单人舞的方式呈现，偶尔也会穿插双人舞、三人舞甚或群舞，但是，无论何种形式，舞者的身体摆动都与音乐的节奏旋律相互呼应，犹如音乐与身体间的激情对话。

塞国的塞赫族(Sérères)部落的男女群聚一起观赏传统的女子臀舞，这些已婚女性的下巴与上唇都有蓝色的刺青，既代表美丽，也是族群的符号。

巴沙利(Bassari)村落的妇女为了采买生活物品或者汲水，往往须要翻山越岭，来回的路程要花费数小时。

布迪克妇女手持水瓢喂食婴儿，她们既要担负起养儿育女重责，也要下田耕种。

塞国妇女以能干著称。不少工作自古以来，更完全由女性担当，最著名的莫过于顶着灼热的太阳，置身于一片咸湿弥漫的热气间，以双手自污泥中筛捡出价值的盐田女子。

塞赫女子的臀舞，让我见识了塞国女子浑然天生的性魅力，而塞国女子自非洲传统文化孕育而生的那股原始野性美，比起礼乐教化精雕细琢而成的欧亚美女，更让我怦然心动，但是，性感的塞国女子却不是仅会卖弄风情而已。

盐田女子

我尾随阿涅丝来到位于圣路易南方十八公里的小村庄甘地欧尔(Gandiol)，这里居民总数不到四百人，百分之七十五的人口皆为女性，而全村女孩自五岁起，无论上学与否，都得到盐田里学习采盐、制盐与晒盐的工作。

四十二岁的阿涅丝在盐田里已度过了近四十年的人生岁月，每天清晨，她都一如往昔地弯着腰、曲着背，顶着灼热的艳阳，置身于一片咸湿弥漫的热气间，以双手自污泥中筛捡出有价值的盐，几个钟头下来，手套雨靴都因长期浸泡于盐水而腐蚀，盐碱渗进肌肤，在阿涅丝的皮肤上形成一层一层厚厚的黄茧，并切割出一道道伤痕，尽管采盐的工作如此艰苦，她却没有怨言，并将这个采盐的传统手艺传承给她的孙女。

事实上，两百多年前，甘地欧尔村民即研发出这种独特的采盐技术，并因此地的海盐富含维他命与矿物质，一跃为塞国最优质的盐产地，自此以后，全村赖此维生，并将采盐与制盐这个繁复费力且分工精密的工作，世世代代交由女性。然而，这几年来，面对大量生产的劣质盐的低价竞争，以及地方法令禁止甘地欧尔村的盐私自对外销售，导致村民的年收入越来越低，阿涅丝满腹忧愁地告诉我："目前，全村村民的收入甚至低到不足以供给一家大小温饱，更不要提让孩子们受教育。"我禁不住问她："是否考虑转业？"她无奈地回答："除了采盐以外，我们还能做什么？"相较于中国古代盐商的富可敌国，甘地欧尔村女人的命运，怎能不令我兴叹？

盖娜达渔港风光

太阳才刚刚升起，年轻的娜娜便唤醒熟睡的女儿，两人一路疾步来到塞内加尔最大的渔港盖娜达（Guet N' Dar），展开一天例行的工作。

清晨的盖娜达海滩笼罩于袅袅白烟之中，伴随着烟雾扑鼻而来的，是刺鼻的盐水味与鱼肉的腥味。娜娜将昨日卖剩的鱼，仔细地去除鱼头与内脏以后，尽数倒入一桶桶滚沸的汤汁里，并使劲地以棍棒绞动汤锅，直到汤汁呈现浑浊的黄褐色为止；她嘱咐睡眼惺忪的女儿盯好这锅鱼，自己则赶紧利用这段时间、舀起其它锅内已浮出水面的鱼身，整齐地将其排列在铁架上冷却；等待鱼肉风干以后，娜娜如播种般地在鱼身上遍洒粗盐、制成腌鱼，或均匀地于鱼身抹上粗盐后、以黍杆烤成熏鱼片……

而同一时间里，港湾也挤满了一群提着空塑料水桶的妇女，各个体型粗壮如蛮牛，焦急的神色显露出她们的担忧："今天的渔船是否满载而归？否则，一家大小又得挨饿了。"渔船才刚靠岸，她们已争先恐后地抢装着新鲜的渔获，一等水桶装满，便迫不及待地头顶沉重的鱼桶，疾步走向鱼市。

八点不到，传统市场里已万头钻动。身材魁梧的女鱼贩安雅，先他人一步、抢了个好摊位！她蹲坐在地上、仔细地将水桶内的鲔鱼依重量均分入数只铝盆内，耐心地等候顾客上门，半个钟头过去了，安雅总算等到她的老主顾玛丽• 玛德莲。

玛丽• 玛德莲是此地的名女人，身兼演员、广播电台主持人，以及一年一度圣路易文化祭与国际爵士乐节负责人数职，没有人不认识她。

"嗨！玛丽，好久不见！近来可好？"

"还不是老样子！"玛丽• 玛德莲面露笑容地回答。

盖娜达渔港旁的小区，是圣路易岛上最贫穷的居民聚居的底层社会，而身强体壮的塞国妇女，不到清晨，便背着婴儿、提着水桶，一路步行到渔港，等候渔船进港，好分配到新鲜渔获到鱼市场兜售。

Carlsbe

盖娜达渔港风光，美得犹如一幅绘画，让我每每忍不住以相机将它尽藏。

“你丈夫、孩子与家人可好？”

“托你的福，一家大小平安。”

“今天的鲔鱼很新鲜，上好的！瞧瞧鱼鳃，多美的红……这鱼眼也是黑白分明！你掂掂这重量，保证物超所值！”

玛丽• 玛德莲似乎很满意：“刚好，我得替母亲采购一星期的鱼，你卖多少钱？”

“不贵，你是老主顾，又为我们地方做了那么多好事，我一定算你便宜！”不过，两人还是就鱼的价格、你来我往唇枪舌战数回合，才总算成交！玛丽• 玛德莲高兴地提着沉甸甸的一大袋鱼坐上出租车，女鱼贩安雅将钱塞入她丰满的胸脯内，快乐地等候下一位客人上门……

结语——为他人而活的塞国女子

塞国女子吃苦耐劳的精神从采盐女子阿涅丝以及渔港女子娜娜、安雅的身影可见，她们不但肩负起一家大小的温饱重任，也延续了珍贵的塞国传统人文风貌，她们原本应是塞国社会的中流砥柱，却在走入家庭的那一刻开始，放弃了自己的权利，完全为他人而活。

名女人玛丽• 玛德莲摊开相本，指着照片中身材苗条的女子告诉我：“这是二十五年前的我，当时的我，可是红极一时的时装模特儿。”我难以置信地比对了半天，总算自脸型与神韵中找出两者之间的相似之处。二十岁的玛丽• 玛莲娜于巴黎完婚以后，第一次回娘家时，因邻人几句闲言闲语：“你丈夫虐待你！”“你的家人没有好好照顾你。”被母亲强制留下，实行了至少三个月的丰体禁闭，自此以后，她成了体格壮硕、身材丰满、E级罩杯、半圆球体臀部的标准塞国美女。

玛丽• 玛莲娜增肥是为了争取族群认同，同样的，阿荷烈特爱美也从来不是为了取悦自己，乃是出自于社会与家庭的压力，为了取悦男人、避免闲言闲语而“不得不”的行为；而女子割礼更突显当地女性在面对男性主导的社会压力，以及为了争取族群认同，连自己的身体被割上几刀、甚至可能赔上性命，也不敢反抗的悲哀；聪慧的土巴主教妻子面对男人的薄幸，也不知如何是好，只知极尽花枝招展之能事，希望藉由美丽的外表来掳获男人的心，或是期待她的男人能付出善意，却不知自己救自己、从根本解决问题：一方面自家庭与社会教育中灌输男女平权的思想，另一方面从法律层面争取与保障女性的权利与地位；这导致能干性感聪慧的塞国女子，终究难免沦为男人社会宰制的物品。

名女人玛丽• 玛德莲的五官与体态，犹如她身后的非洲木雕般，五官层次分明，充满了独特的个性美。

身强体壮的塞国妇女，顶着新鲜的渔货，一路步行到鱼市场兜售。

对住在盖娜达渔港的小男孩而言，日常生活里最重要的一件事，是能够在渔船停靠的沙滩上，捡到几条肥美的鲜鱼，给全家大小加菜。

从传统到摩登

韩国

STORY-06

Korea

在韩国偶像剧的大力传播下，美丽干练的白领女子取代了婉约贤淑的传统女性，成了世人对韩国女性的普遍印象，再加上《我的野蛮女友》里的凶悍女子，彻底颠覆了两性之间的游戏规则，使我对极度保守的韩国社会里的女性，稍稍有了不一样的想法；然而，现实世界里的韩国女性究竟如何呢？

静如处子，动如脱兔的首尔女子。

许久以来，我对于韩国的印象只限于韩国泡菜、阿里郎民谣，对韩国女性的印象，也是通过《大长今》、《明成皇后》等韩剧，以及《春香传》、《替身》等韩国电影，这些古典戏剧纷纷呈现了在男女有别与遵奉妇德的韩国社会里，女性如鱼肉般任男性宰割的命运，再加上一位被爱情冲昏了头、远嫁韩国的女友，每次见面的时候，都抱怨连连："我的婆婆老是批评我的锅巴饭煮不好，但是，从小到大都没吃过锅巴饭，怎么能够拿捏到锅巴饭该有的焦度与口感？"

如今，在韩国偶像剧的大力传播下，美丽干练的白领女子取代了婉约贤淑的传统女性，成了世人对韩国女性的普遍印象，再加上《我的野蛮女友》里的凶悍女子，彻底颠覆了两性之间的游戏规则，使我对极度保守的韩国社会里的女性，稍稍有了不一样的想法；然而，现实世界里的韩国女性究竟如何呢？

首尔女子

一出仁川国际机场，立即被一群时髦性感的韩国女子包围！一位穿着剪裁极度合身的V领低胸上衣与迷你裙、蹬着三吋高跟鞋的丰满女子，两手各抓着一只沉重行李箱，叮叮咚咚地踏着磨石地板、飞快地走向出租车招呼站，慓悍利落又美丽的身段令我回想起《我的野蛮女友》中的全智贤。以前在巴黎留学时，总听男性友人说："韩国女子因为长期跪坐，影响身高的发育，因此身材较为矮小，小腿也比较粗短，而且因为喜欢吃大蒜，脸形也受到影响。"然而，如今放眼所及，机场境内没有一位年轻女性的身材不健美，长相不俊俏，难道此处的韩国女人全都给韩国整形医师动过刀？我纳闷地步出机场，搭乘快速巴士前往首尔。

邻座男子竟然在沙发座椅上打起太极拳，让我不能不多看他两眼，没想到反招致他以中文向我问候。他有个贵族姓——李，由母亲一手带大，是家中的长子兼独子，虽然家中仍有妹妹，但是他始终认为，日后他必须一肩扛起照顾寡母的重担，我问他可有恋人，他笑说还没有，不过论及婚嫁之前一定与女友讲定与母亲同住一事。

"如果女方不愿意呢？"

"那就不要结婚。"

"你赞成女性工作吗？"

"我很赞成！我们世代讲究男女平权，跟母亲那个时代不一样，而且，女性也必须负担家计。”

抵达旅馆后，我冲个凉随即出门。旅馆靠近一九八八年落成的韩国奥运公园，一群年轻人聚集于公园广场，聚精会神地操作一台台由中古机车改装成的动力滑板车。这种如滑雪般刺激，一不小心却难免招致跌打损伤的运动，所吸引的爱好者不全然是男性，不少首尔年轻女子也热衷于此，她们御风前行的美妙身段犹如展翅飞翔的雁子般灵巧，扭腰摇臀摆臂回转的英姿又如脚上踩着风火轮的哪里，相较于传统朝鲜女子给我的温柔害羞矜持印象，从她们的身上看到的是活泼健美骠悍的现代朝鲜女性。

首尔地下铁车站

虽然首尔早已是个极度现代化的大都会，但是，这儿的人却少见大都会居民的焦躁，不但亲切有礼，指路时，也解说得非常细心，不知是否因为受到儒家修身养性思维的影响，教养都特别好。

靠近奥林匹克公园的梦村土城地铁站内，设有一座开放式小型图书

首尔地铁车厢，犹如当代韩国都会的缩影。

馆，供候车乘客自由取阅，不过，前来借阅的乘客多是女性，足见韩国女性旺盛的求知欲。不过，每天搭地铁却使我发现，无论是否尖峰时刻，几乎看不到韩国时装偶像剧里精明美丽的上班女郎，反而多见现代又时髦的家庭主妇、女学生、血拼族，让我不禁开始怀疑韩国偶像剧里表现的女性白领与男主内女主外的家庭生活，是否都是捏造出来的完美假象？

韩国女子的化妆观

虽然媒体大肆渲染韩国女明星与女歌星没有人不动刀整容的，但是，经由数天的街头观察以后，我发现多数的韩国女子虽然长相绝非美女，但还是宁愿选择保留原貌，以免受削骨挨刀割皮之痛，以及一辈子的后遗症；不过，为了让自己更有自信，不少韩国女性选择以化妆来改善自己的容貌。这也使我了解，为什么韩国收视率最高的两个频道之一即化妆频道。

化妆频道全天候教导韩国女性如何以化妆增添美貌；为了说服观众，制作单位邀请年轻貌美的明星为模特儿，要求她们以素面出现，并且当着全国电视观众的面，现身说法。

只见未经化妆的脸与正在上妆的脸各占半边，互相比对，在一片罐头配音的惊叹声中，电视观众眼见化妆品一点一滴地将丑小鸭变成天鹅，而卖花女摇身一变为窈窕淑女的神乎其技，使得越来越多的韩国女子仰赖化妆技术来改变自己的外貌，并且促使女性使用化妆品的年龄层次逐年降低！

不过，我的韩国女友淑美对于日本女性白脸红唇的“吸血僵尸”化妆法，非常无法苟同！淑美说：“日本女子将化妆等同于穿丝袜，是女性必备的社会礼仪。韩国女子对于化妆的心态比较随性，想化的时候就化，也不会像日本女子一样、每天花上数个钟头，最多十来分钟！而且，韩国女子化妆强调个性美与健康美。”

淑美的话使我想起在巴黎遇到的那些韩国女留学生，不分高矮胖瘦，个个一身紧致的古铜色肌肤，并且特别偏爱将平板的五官轮廓化得如同雕塑般立体有型，装束也极性感妩媚，一点也没有关在《三旌门》（烈女门）里的传统韩国女人的道姑气质，难怪Laneige广告中全智贤一袭短热裤、露出结实浑圆的大腿、拿着腮红笔轻触肌肤的妖冶动作，令韩国女性深深着迷！更令我惊讶的是，越成熟的女性，装扮越显粉嫩！返老还童的装束使她们浑身上下都焕发一股童心未泯的朝气。

韩国Y世代

一走出明洞车站，首映眼帘的就是两位穿着可爱性感的粉色迷你裙、戴着脐环的年轻美眉，她俩在电器商家前以娇滴滴的声音、掐得出水的腔调、载歌载舞卖力演出一段以后，接着将店内所有的特价产品，以滑如滚珠般的速度介绍给来往过客。

韩国，四处都可见载歌载舞地推销各式各样商品的可爱少女。

明洞人行步道内，人潮络绎不绝，街头摊贩与店家互相较劲，比谁的货色美？看谁的集客能力强？卖韩式辣米糕条（Teoppokki）的老板娘，手没一刻闲置，一会忙着替客人舀年糕条、韩式灌肠，一会又得拿起大剪刀剪紫菜米卷、水煮蛋，一旁的丈夫却慢条斯理地拿起手机拨号；年约十八岁的金发少女，穿着洗得发白、破烂不堪的牛仔裤，耳挂着MP3 Player，两手插在裤管内，一脸酷酷的表情；一群刚放学的高中生群聚在兜售卡通图案与蕾丝花边的短袜摊位前，吱吱喳喳地讨论个不停；戴着超大尺寸耳环的年轻少女，要求刺青师在身体的禁忌部位留下印记。

游人将Ichibishi家族团团围住，团长穿着破破烂烂的乞丐服、拎着布包，一如无家可归的流浪汉，拼命以滑稽的肢体语言逗弄观众，同一时间里，男扮女装的低音鼓手拿着削刀飞快地将麦芽糖条刨成一小块一小块，一旁的女团员分装入盒；变装人与其它几位同伴接续团长的哑剧表演，连蹦带跳地上场，他疯狂地执起鼓棒，甩着头发、以全身的力气敲打，他的热情立即感染了听众，不少人随着节奏起舞，女团员手挽着刚分装的糖块盒，努力向听众们兜售，却少见有人掏钱购买，女孩的表情一如往常，好似见惯了人间冷漠。

色彩斑斓的《江陵农乐》，几乎百分之百由女性担纲演出。

女人当家的江陵端午祭

抵达江陵的第一天，虽然小城里商铺栉比鳞次，却不见任何人影，乍看之下，还以为来到了一座空城，等到问起脸带笑容的旅馆女主人，才知城里人都偕老携幼，一大早便赶到南大川河畔市民公园，因为节庆期间，多采多姿的民俗文艺节目从清晨便开始。

南大川两岸都撑起绵延不绝的棚子，来自韩国各地、贩卖家乡风味小吃、手工艺品以及吃穿生活用品的摊贩，纷纷于这一天聚集于此，形成规模不小的乱场（市集），而从早到晚、每一处露天场地也不间断地举行不同的民俗活动。有趣的是，无分音乐、戏剧或者舞蹈表演，绝大部分都由女性担任演出，甚至连极度消耗体力的《江陵农乐》——甩带舞，也由女性反串的小生担纲演出。

《江陵农乐》是以舞蹈与音乐的方式来陈述一年四季的农事进行，女农穿着鲜艳的服饰、系上象征阴阳调和的红蓝彩带，以及土地的黄色彩

带，手执红蓝黄三色太极图案的平面鼓，头戴四色帽或白色彩带帽，以喧嚣的乐声、不止歇的甩头动作，将细长的白色彩带甩得有如一只呼拉圈般，并搭配旋转飞舞的动作，表现出农夫们旺盛的活力，神乎其技的舞蹈动作，为她们赢得了不少观众的掌声。

而嘲讽人生百态的荒谬喜剧《官奴假面剧》，虽是无言戏，剧情却浅显易懂，并因选材百无禁忌、剧情荒诞不经而深受市井小民的喜爱。假面的故事不脱荒唐的男女情爱、男人为争夺所爱而吵、皆大欢喜的结局之三段式架构，却反映出壁垒分明的韩国阶级社会、僵化的儒家道德规范，以及表里不一的韩国佛教界。

女子除了参与《江陵农乐》与《官奴假面剧》这两个重头戏演出以外，节庆期间，此地妇女还必须以菖蒲汤洗发、以菖蒲露化妆、饮用菖蒲水，并可参加荡秋千比赛。

荡秋千的女子

眼前这位荡秋千的韩国女子，虽穿着传统韩服，脸上流露的却不是唯恐他人发现的惊弓之鸟模样，而是数不尽的惬意自在，当我邀请这名荡秋千女子与她的友伴合照时，她俩却自动自发地收敛起活泼的性情，两手交握、优雅地摆放在腰际，登下成了温柔端庄的韩国淑女。矜持的姿态使我回想起韩国家喻户晓的古典戏剧《春香传》，年仅十六岁的春香，荡秋千时不但得有侍女随同，还得趁四下无人之际；路过的士大夫公子瞧见了她露出的足踝与小腿，当下坠入爱河，由此可见，在男女有别的朝鲜时代里，两性关系是多么压抑？！

当时的妇女，虽然全身上下裹得像粽子，但是，只要露个足踝、荡个秋千，都可引来异性的遐想，招致异性的垂涎，难怪那时的母亲在女儿未出嫁前，都将黄花闺女关在家中，以免因行为不检而发生丑闻。

萨满女巫

虽经几番尝试，但都遭到萨满女巫们无情的拒绝，对她们而言，任何与宗教本身无关的动作都是泄露天机，都会遭来神灵的惩罚，因此，她们不但拒绝我的采访，还严禁我拍摄神庵、祭典仪式以及一切与驱妖降魔祈福有关的动作，若是我稍显坚持，她们立即显露狂暴的姿态，逼使我不得不放弃“寻访韩国最神秘最古老的信仰——萨满教的女祭祀”这个念头，若非江陵端午祭这个特殊的机缘，我恐怕永远无法得见她们的真面目。

色彩艳丽的祭坛上方两端挂着七彩纸灯笼，系着白色细头带的女巫，一手舞动彩绘花扇、另一手抖动黄色手帕，舞姿妖媚，口里尖声高唱的语句，听起来像是韩国清唱（Pansori），又似咒语。祭坛边上席地而坐的另一名女巫，与前来求问的女性交头接耳数回，忧心忡忡的求问者原本连连摇头，直到最后才总算破涕为笑，这会儿，女巫才取出怀中预藏的神符，将符点燃，等到符纸近乎烧尽，女巫才往空中抛去，当女巫完成“驱妖降魔祈福”仪式以后，求问者必须以金钱向女巫致谢，而整个仪式从头到尾都穿插着求神问卜、舞蹈与清唱。

虽然萨满教对于韩国人而言，是揉合恐惧与迷信的宗教，但是对于信徒而言，萨满教巫师是唯一可与神灵世界沟通的灵媒，不但解决死人与活人间的冲突、驱除恶运、治疗疾病，并使人们顺利地由这个世界进入另一个世界；而萨满教徒更深信岩石、树木、山川和自然万物，甚至死人，皆有灵魂。

朝鲜时代的女子，荡个秋千都能引来异性的遐想。

萨满教女巫的“驱妖降魔祈福”仪式，平日难得一见。

萨满教虽然是韩国最古老的神秘信仰，但是，非洲不少的原始部落、西伯利亚的布里亚特族、中国的满族等，也信奉这个原始的信仰。不同于其它国度的是，一般萨满教的巫师多是男女皆有，韩国萨满教的祭祀却是清一色为女性，这或许与韩国的萨满教源自于中国满族的这层关系有关；因为直到解放前，满族的大萨满巫师仍由女性担任，不仅因为原始部落里的神话传说故事都与女性有关，也因原始社会是母系社会，女性居主导地位。因此，韩国的萨满教祭祀长从男女皆有，发展到清一色女性为主，不能不说这些萨满女巫是韩国女权的象征。

釜山的野蛮女友

相姬摸着男朋友的小腹，露出灿烂的笑容：“抽烟、喝酒、打架、免受怀孕之苦、搞事业，不再是专属男人的特权。但是，我们是基督徒，不可以喝酒抽烟！”她想了想，又接着说：“不过，不少韩国大学生，无分男女，都喜欢聚在一起喝酒聊天，几个钟头下来，每个人都成了醉鬼。”

“为什么韩国大学生那么喜欢喝酒？”

“因为文化。韩国人喜欢喝酒！而且是老一辈带年轻人一起喝。”

我想起韩国知名导演洪尚秀独特的拍片手法——灌醉自己的演员到七八分醉！目的是让他们心情放松、卸除不必要的枷锁，真情流露，如此一来，戏剧才能真实地贴近生活。

如此看来，不喝酒的韩国人都无法真实地呈现自己，不过，看着眼前这对情同姐弟的好友之间毫不做作拘谨的肢体语言，难以相信韩国人必须仰赖酒精解放自己。

相姬告诉我，她将来想当职业传教士，并希望于不久的将来到尼泊尔传教。“不过，我的英语能力不行。”她不好意思地告诉我。

但是，相较于她身旁的用柱，仅能以英文单字沟通，她的程度已经是资优生了！

“你会做泡菜吗？听说，韩国女子嫁人以前，一定得先学会三种料理：辣椒酱、韩国泡菜以及锅巴饭。”

“可是，我一样都不会！”

相姬告诉我，母亲那个时代的女人很辛苦，得扛起一家大小里里外外的杂务，而且无论多么劳累，丈夫一根手指头也不会动一下。

相姬与用柱这对恋人，简直就是郭在容电影《我的野蛮女友》翻版。

"你这个时代呢？"

"好多啦！男人会分担家务，做饭洗衣带小孩，但是，只有你要求他的时候才会做，没有主动精神。"

一旁的用柱，听到以后，脸马上皱成一团，露出很不以为然的样子。

"你结婚生子以后是否还会工作？"

"当然！"

"如果丈夫反对？"

相姬收敛起笑容，很严肃地思考这个问题以后才回答我："那我就不考虑结婚。"

"你呢？"我转身问一旁的用柱。

"我的妻子不需要工作。"

"为什么？"

"因为工作很辛苦。"

"你心地真好，如果她坚持要工作呢？"

用柱赶紧摇头："她得照顾小孩。"

相姬听闻到此，狠狠地打了用柱一拳："你应该多跟台湾男人学一学！没出息！"用柱闷叫一声，不再吭声。

"你让我想到郭在容电影《我的野蛮女友》。"我看到一旁大气也不敢喘的用柱，不胜怜悯地说。

"哦？那部电影，我们都看过，很有趣。"

但是当我问相姬她喜欢的理由为何，她竟给了我一个奇怪的答案："女人打男人，很有趣！"

当今韩国女性意识越来越抬头，或许受到戏剧的影响，若是戏剧与现实生活之间的差距越来越模糊，届时，韩国社会将呈现怎样的面貌？

济州岛的海女

女人们成群结队出海，男子手执萨满教的旗帜，站在岸边不停地摇晃，口中并念念有词，祈祷海神保佑她们平安归来；数小时过后，男人们纷纷驾着拖曳船返回岸边，等待女人的归来。一位辛苦地工作了数小时以后才返岸的七十岁老妇，虽然身躯瘦弱，却能使出大力士般的力气，独自将深海采获的海藻袋拖上岸，并扛起重达十来公斤的海藻，一步一步地背回家，见及此景，不由想起韩国友人的话："济州女子特别能干！天底下，没有什么可难倒她们。"

另一位女子在同伴与男人的帮助之下，总算将数十公斤的海藻给扛起，当她看到我时，突然面露厌恶的表情、尖声吼叫，并挥手要我滚开！"你是日本人吗？"身旁的男子语带激愤地问我，我想起牛岛港口竖立的济州海女抗日运动纪念碑，赶紧以韩语告诉他来自台湾，一听到此，男子严厉的表情立即和缓下来。 他俩的反应使我回想抵达济州岛后，我一路上遇到的居民多是女人，并且是年龄过半百的祖母，不禁问身旁的济州岛友人原因何在。

象征韩国精神的济州海女。

天上大将军与地下女将军，是最受民间欢迎的守护神。

我在历史古城江陵的一条小径里，与西方爵士相遇。

他告诉我，自古以来，济州岛即天灾人祸不断，长年征战的结果导致男性人口不足，女性因而成为家庭的经济支柱，再加上济州岛遍布石头，岛上可耕地少之又少，使这些深谙水性的济州女子藉采集水产维生，被当地人称为海女，而一袭黑色潜水服、白色潜水镜、白色浮球的行头，自此成了海女的正字标记。

几十年的太平盛世使得从事大海采捞工作的海女人数越来越少，年轻一代也因这份工作太辛苦而宁愿选择其它谋生技能。如今，济州岛的海女多数已是七十多岁的姥姥；虽然年事已高，她们的身体却强健得很，潜入冰冷的海水里待上十来分钟也不成问题，而她们吃苦耐劳、勤俭持家的身影，也使一九九七年亚洲金融风暴发生之时，韩国政府提出“学习济州海女”的口号，呼吁全国上下共体时艰，一起努力撑过难关。

海女这种特殊职业因战争而存在，这些女子的命运，与战乱频仍的韩国之间，也有着不可分割的关系，相较于这些拉皮削骨割眼的韩国女星，海女更能代表吃苦耐劳的韩国女性！因此，对韩国人而言，海女才是韩国精神的象征。

结语——个性鲜明的韩国女子

若非这趟旅行，我对韩国女性的认识还停留于三从四德，如今，经由标新立异的明洞少女，追求刺激快感的首尔女子，勤奋好学的地铁通勤族，既古典又现代的荡秋千少女，为了艺术、衣带渐宽也不悔的Ichibishi家族女鼓手，拒绝成为第二性的釜山野蛮女相姬，以及吃苦耐劳的济州海女，我体察到这个国家的性别文化已大不相同。这一代的韩国女子不仅摆脱了僵尸般的儒家妇德教条，还积极对抗让女人喘不过气来的性别歧视，自由自在地展现自己，显露性感，她们活泼进取积极奋斗的乐观精神，使得这一趟韩国之旅格外地明亮美妙。

STORY-07

查某人 Taiwan 台湾

Taiwan

第一次听到闽南语的“女人”发音“查某”时，以为台湾女子因为恰北北，总是两手叉腰如茶壶冒烟般的模样，所以被称为“查某”（茶某）。然而，随着对台湾查某人的认识越来越多，发现根本不是那么回事。

丰年祭是母系社会的阿美族年度最大的祭典，并且是男女定情的日子，意义非凡。

第一次听到闽南语的“女人”发音“查某”时，以为台湾女子因为恰北北（很凶），总是两手叉腰如茶壶冒烟般的模样，所以被称为“查某”（茶某），然而，随着对台湾查某人的认识越来越多，发现根本不是那么回事。

日据时代的台湾女性，受日本教育与传统中国文化的双重束缚，认为女性应该培养坚忍、服从、温驯、谦让等美德，凡事以男性的意旨为是从；而战后出生的台湾女性，虽然承袭自中日两种文化的传统束缚并未消失，但却因西方文化的影响，逐渐发展出独立自主的人格，再加上历史的因素与多元文化的相互激荡，使得台湾女人的发展朝向多元化。

常听本省人说：“在台湾做外省媳妇，远比本省媳妇来得幸福！”一方面因为外省男人多是只身来台，免除了大家庭里婆媳妯娌不合的困扰，另一方面也因为老夫少妻，外省男人比较疼爱年少的妻子，一有空闲时间便帮着妻子料理大大小小里里外外的家务事。

就拿我的家庭来说，父亲成婚时已过四十岁，特别珍惜这段迟来的幸福，不仅从未让母亲经历过《星星知我心》、《妈妈再爱我一次》里台湾查某人（女人）的辛苦，更喜欢料理出一桌的好菜饭，让一家人吃得盘底朝天、直夸赞他的手艺赞！完全不像承袭日据时代传统的本省男子，总怀有“君子不近庖厨”的观念。

当母亲头两胎都生下女儿时，父亲也从未以“没生儿子、就娶细姨，或者生得过、就鸡酒香；生不过，就四块板（棺材板）。”这类传统的社会观念，要求母亲一定得生下男孩，反而是母亲自己觉得父亲只身来台，没有替父亲家里留下半点香火而自责，硬是又接连生了两个弟弟才罢休！不过，往后的日子里，父亲一直跟母亲唠叨：“生女儿比生男孩好！你看我们两个儿子！没有一个成材。”所以，在我的家里反而有一点点“重女轻男”的现象，而我也一直以为男女平等的观念是社会常态，直到我参加云英的婚礼……

台南新娘

从小便听说本省男人喜欢娶台南女子，不仅因为娶了台南新娘以后，房屋车子家具都有了，当地女子家教好、女红也一流，并且严守“三从四德”，因此有大家闺秀的美誉，台南有句古话：“好材不流过安平港。”以此来象征好家世的台南女子，本地抢都来不及了，怎让她嫁到他乡？！

而我的台南女友云英亦然。

大四那年，我为了留学法国而日以继夜地准备，家住台南的好友云英却垂头丧气地坐在台大文学院图书馆的长廊下，神情落寞地看着我：“我父亲要我嫁人，但是我想继续升学。”“你可以拒绝呀！”“你不了解，我们家是父亲说什么就是什么！”

毕业没多久，我的这位台大外文系好友就遵循父亲的旨意，经媒妁之言，与算命师认为生辰八字相合的台南望族之子订婚，出嫁那天，娘家为她准备了一牛车的嫁妆，因为按照台南传统的礼俗：“嫁妆少的媳妇，会遭婆家嫌弃，过门以后，有得苦头吃！”因此婚礼那天，她两只手膀子与脖子上都挂满了沉甸甸的金链。

云英一跨出家门，她的母亲便朝门外泼水，向众人宣告：“嫁出去的女儿如泼出去的水，覆水难收，永不准回头。”入夫家的大门之前，领她进门的媒婆先抛掷扇子，以此象征过门的云英已舍掉坏脾气，并以有八卦图案的米筛遮住新娘头上的那片天，一方面表示云英是处女、一方面避邪；云英过夫家门坎时，得先让新郎踩她的鞋头，以示她有家教，过门以后，完全听从夫家的教诲，而繁复冗长的台南婚礼得等到云英拜见公婆，喝过桂圆枣子汤，祈求自己早生贵子以后，才告结束。自此以后，云英一

每逢喜庆婚宴的场合，台湾人便喜欢在庙前或街道上摆上数十桌流水席，邀请亲朋好友一起聚餐，并招来电子花车艺人，以歌舞与插科打诨的方式助兴。

生的幸福就在于她的肚子争不争气，讨不讨婆家的欢心；若是两者全无，传统的时代里，女人就只有选择自缢一途，而今日的台湾社会呢？想着想着，我越发担心起云英的未来……

多年以后，我再次与云英相见，她已是有两个儿子的全勤家庭主妇，丈夫早因为婆媳不合问题而主动离开父母、另起炉灶，一家四口终于得以依照自己的心意过生活。

司马库斯的吴芭蕾莎

探寻司马库斯的动机不仅因为它是全台唯一实践资产共有共治的原住民部落，也因为泰雅族是岛内第一个纹面的民族，使我对他们十分好奇。

车子在山路上蜿蜒奔行数小时以后，终于抵达司马库斯邻近的泰岗部落，此段以后的道路全为碎石路，虽然必须忍受颠簸蜿蜒之苦，一路上的好山好水与山间的清风却令我神清气爽，不知不觉之间，我已抵达目的地。

晚间八点，红黄蓝铁皮覆盖的竹屋一片宁静，整个村庄彷佛已进入梦乡，原本以为台风前夕，少有旅客会探访此地，没想到停车场内已停满了厢旅车。我走进村落入口处的接待所，柜台后空无一人，墙上却贴着一张显目的告示：“若接待人员不在，请打0928804983。”“还好带了手机！”我暗自庆幸着，一面拨号一面望着柜台后的桌上微型计算机设备，“没想到，偏远的司马库斯部落也无法抵抗文明的侵袭！”心想的同时，皮肤黝黑的女孩已经翩然抵达。

我要了间最便宜的套房。女孩交给我一把钥匙，指了指民宿的方向。

第二天一清早，我沿着小径来到村内最年长的妇女吴芭蕾莎的家，她的家靠近瞭望台，日本帝国统治初期，村民就是在这个瞭望台上侦测日本军的行动。七十岁的吴芭蕾莎女士很害羞，一直谦称自己的汉语说得不好，并坚持要她的女儿曾惠美全程做翻译，不过，吴芭蕾莎一开口就以流利的汉语表达，让我不由好奇地问她汉语是在哪学的？

“以前日本人时代，上不上学都随我们自由，还没有受教育的观念，国民政府来台以后，强制我们上学、说汉语，如果不小心说溜一句方言，就被老师罚挂‘说国语’的木牌，并且无论上课、体操、午饭、休息时间都得挂着，直到找到下一个为止，那时班上大都是泰雅族的孩子，所以很容易找到下一个犯规者。”

吴芭蕾莎的话使我想起小的时候，平地小孩遇到山地孩子，总会追在他们后面、大叫他们：“番婆”、“番仔”！使得这些山地小孩在平地小孩面前总显得很自卑，好像自己是次等民族一样。是不是也因为彼此间的

这个疙瘩，原住民多住在山上？

吴芭蕾莎告诉我，这里是祖先马库斯选择的土地，为了纪念他，族人将部落取名为司马库斯，发誓生生世世守护这片好山好水。后来日本人来了，动用机关枪、山炮以及上万名的军警攻打不到千人的部落，想强迫他们下山，可是打到最后，也只能以半劝半胁迫的方式，强迫族人迁至平地；而族人为了延续部族命脉，也只好妥协，不过，日本人一离开，他们又立刻从平地迁回山区。

位于新竹县尖石乡深山里的泰雅族司马库斯部落，是全台唯一实践资产共有共治的原住民部落。

山上的生活很辛苦！“产业道路”以前，连到最近的内湾村买点生活物资，都得走上三天的路！几床棉被、加上生活用品与小孩，至少二十公斤，就这么一步一步给背上山来，不少女人都给活活地累死，很少有活过五十岁的；那时的食物也只有地瓜、芋头、小米，重要的节庆时，才有山猪肉吃。

虽然同属泰雅族，吴芭蕾莎却是住在桃园县复兴乡高义村的原住民，原本在乌来跳山地舞，二十一岁那年，父母要她回家结婚。结婚那天，她换上小孩子的洋装，不多久，一堆男女挤在她家门前，前头的四位男人扛着两头活着的黑猪，其它人忙着将大竹子里面的小米酒倒入竹杯内，吴芭蕾莎望着这群人，却不知道哪一位才是新郎，当众人告诉她：“这位就是你的新郎”时，她差点吓死！紧张地想转身逃跑，却被前来的男女老少推挤到新郎的旁边，等到婚宴过后，吴芭蕾莎便随着新郎一行人离开家乡，她在深山里走了三天三夜，才总算抵达新郎的家，却发现家里除了丈夫以外，还住着八个兄弟。

吴芭蕾莎告诉我，她一共生了十个孩子，因为自己就是全村的接生婆，所以她生孩子的时候，只能自己生、自己剪、自己清洗，并且两天以后就开始洗米工作，生得特别累！但是因为当时没有避孕技术、再加上必须生出男孩，只好一直生！我问她为什么生男孩很重要，她告诉我：“因为男孩子可以继承家业，比较顾家。”

不过，最常陪伴吴芭蕾莎的却是四女儿曾惠美，当初为了照顾老母，她选择嫁给同村人，她说：“部落生活比较没有诱惑，不像在平地，就算嫁了人，也会有人对她说：‘跟我走吧！’而且，住在这里有族人互相照应，不像到了外地，常常会遭人欺负。”

曾惠美告诉我：“因部落实施共有共治，十八岁以上，无分能力强弱、年资多寡，参与部落工作的族人，每人每月都可支领一万元的零用金，而教育、结婚、求医等方面的开支，由整个部落共同负担，因此，母亲虽已七十岁高龄，仍可继续工作。”

“会不会有人故意偷懒？”“做多做少，全凭良心。”曾美惠笑着回答。

目前，吴芭蕾莎被指派到杂货店里担任收银员，女儿则是民宿餐厅的大厨师，负责照料所有观光客以及全村的伙食，母女两人活得既有尊严、对族群又有贡献，从她们的笑容，我看到了台北人失落已久的那份纯朴宁静的美，以及与世无争的自在快乐。

内湾大婶婆

离开司马库斯部落，车沿着原路下山，朝横山乡方向开，即可路经三面环河、一面开口的内湾村。一九四〇年代的内湾村，因满山遍野种着樱花而有“樱花故乡”的美称。战争期间，日本政府在此大量进行采煤、伐木，吸引了五千名的外地人前来，虽然两者都是高收入，但也是高度危险的工作。

卖矿工乌梅汁的曾秀丽阿嬷回想起当年的情景，仍心有余悸：“身为矿工公公的儿媳妇与拉木马（运送木材的人力拖车）工人的妻子，我一天到晚提心吊胆，生怕一个不小心，家里就面临一家老小孤苦无依的悲剧；

人文电影院内湾戏院专映老片，是桃竹苗的两家老戏院之一。

而当时，矿坑坍塌的意外，三不五时可听闻到，因此，矿工们多抱持着及时行乐的心态，早上赚到的钱，晚上就花掉，旅馆、查某店（酒家）的行业也因此欣欣向荣；而拉木马的工人也常因脱缆而丧生，造成此地多寡妇，故而木马又被当地人称为'寡妇马'。本地人更有'唐山有老虎、台湾有木马'一语。”

“既然木马工作如此不安全，为什么还有人甘愿冒着生命危险呢？”

“相较于一个月才九百元的工厂薪资，这些工人一天便可赚到将近五百元的高薪。为了生活，只好铤而走险。”

为了服务这些罗汉脚（单身汉），可容纳千人的内湾戏院也于一九五〇年落成，率先推出康康舞、客家大戏、歌仔戏等娱乐节目，为内湾村带来前所未有的热闹繁荣景象，而夜夜笙歌纸醉金迷的生活也使内湾村赢得“小上海”之称，与本地保守的客家民风相融，形成独一无二的内湾风采。

一九八四年间，台湾接连发生三次严重的矿灾，使得全台的矿坑相继关闭，再加上土石流引发的山崩问题，两年后伐木业也被禁，内湾村顿时失去两大经济支柱，自此萧条了十多年，近几年因为“文化观光商圈”的开发，终于再次繁荣；而原本一天到晚闲闲无事，为了骗孩子们回家、动不动就生病的阿嬷们，现在纷纷改口：“我现在光顾着赚钱，哪有时间生病？！”并且争相投入客家传统米食粢粑与野姜花特色商品的研发。

如今来到内湾，不难发现四处是精神抖擞、斗志昂扬的阿嬷，她们不但积极投入自己的生意，店面打烊以后，各自还有社交活动，简直忙得不可开交！卖野姜花粽的七十多岁阿嬷周锺永妹，每周都到好友家里做客，十几个人轮流做东，一起吃饭喝酒聊天，齐唱《摘茶细妹》、《客家妹仔》、《客家本色》等山歌，欢乐之情溢于言表。

除了与三两好友聚餐唱歌以外，不少阿嬷还积极地进入社会大学进修，同样卖野姜花粽的乡土文史工作者彭瑞云认为，传统的客家女性为家庭牺牲，被关在厨房里太久，想《走出去》、过不一样的生活；因为觉得不如人而想充实自己，不像男人觉得自己高高在上！因此内湾村的社会大学里的学员清一色皆是女性，而且以阿嬷级的女性居多。

回忆起当年求学的情景，曾秀丽阿嬷仍语带苦涩：“小时候穷，没有猪可卖、木马可拉的时候，全家只能靠赊帐过日子。为了求学，我冬天打着赤脚、穿着蓑衣，在雪地里走上来回四个钟头的石子路，还得忍受老师催缴学费的责骂；而当时除了上学以外，我还必须帮忙家里挖地瓜、喂猪、砍牧草、放牛、做三餐、拣木柴、晒稻谷，从早忙到晚，为得是等卖猪以后，家里有钱可以缴交学费；我读到小学毕业，就因没钱继续缴学费，而被迫放弃升学。”

而过往的客家女性，虽像一头拼命工作的水牛般辛苦，但是家中所有农事的收入都是公婆掌管，若想要为自己添件新衣，或者买些鱼肉，就得自己想办法攒私房钱，因此不少客家女人都拥有自己的小菜圃，平日可以将自己种的菜、玉米与采的竹笋，挑到菜市场里兜售，以换些零用金来贴补家用与慰劳自己。

如今，辛苦了一辈子的客家阿嬷不再于老年时盼着养儿防老或者含饴弄孙，而是希望自己赚钱自己花！出国旅行、吃好吃的东西！一位阿嬷露出满口闪闪发光的金牙，高举起内湾村的招牌土产野姜花粽，得意洋洋地告诉我：“虽然我媳妇在科学园区上班，她一个月才三四万块，我赚得比媳妇都多嗳！”让我不由想起刘兴钦笔下的漫画人物“大婶婆”，她花衣青裤的土味穿着、豪爽快活的天性、积极奋发的精神，不正是内湾阿嬷们的缩影？！

阿美族的“定情之夜”

为了赶赴第二天于花莲县光复乡举行的“阿美族丰年祭”，我当天下午便从内湾启程，连夜翻山越岭、穿过北横最惊险的九弯十八拐，途经栖兰转接中横，一共开了整整十五个钟头才总算抵达目的地。

连续七天的阿美族丰年祭最后一晚，特地安排了一场别开生面的演出。传统的阿美族社会是重女轻男的母系社会，女性在爱情与婚姻的选择上享有绝对的主动权，婚姻也采男方入赘的形式，女生若看中某位男子，便可大方地展开追求，请媒人提亲，将他“迎娶”过门，而丰年祭的“定情之夜”正是给未婚的阿美族少女提供难得的求偶机会。

这天晚上，族内所有的单身适婚男子都会围绕在熊熊营火边载歌载舞，此时族里的适婚女子毫不矜持的涌上前去，向男子展开进攻！当女子找到意中人时，会以装满槟榔和香烟的情人袋当作见面礼，如果男子接受女子的追求，会当场享用女子的见面礼，并同样以情人袋答礼，之后，这对公开情侣关系的男女便可在族人的祝福声中离开；假如男子拒绝女子的情意，虽然也会礼貌性地接受女子的见面礼，却会在嚼完槟榔以后，将香烟往天空扔掷，以示俩人的缘分如同这散落一地的香烟般；若是女子不想就此放弃，可以将男子的情人袋硬扯下来、套在自己身上，若是男子坚拒，就会发生男人为保护自己的情人袋、彼此相持不下的景象。

年轻活泼的阿美族女子，手上端着象征农作物丰收的小米蔬果，祈求上天保佑他们今年丰收。

屏东山地门乡的排湾族，传统服饰异常华丽，婚礼当天，族人会头戴山猪牙冠帽搭配百合花，新郎并且以背的方式来迎接新娘。

鹿港的南管女乐师

十多年前来第一次鹿港的时候，是受了罗大佑的那首《鹿港小镇》以及李行的《小城故事》的感召，没想到最后却深深地迷上这个小镇。

清朝道光年间的鹿港，曾是台湾第二大城，享有“一府二鹿三艋舺”的美誉，而当时风帆云集、千家灯火的繁华景象，因咸丰元年一场台风引起的浊水溪泛滥而步向衰亡，历经几载浮沉，如今早已人事皆非，只能依稀从残缺不全的古厝老街古庙里，想象昔日的荣华。

鹿港与女性有关的街道名称不少，如仅容一人穿越的窄巷摸乳巷、昔日的红灯区桂花巷，但是直到今日，鹿港民风仍十分保守，并且严守男女分际；在过往的年代里，鹿港大家闺秀不能随意出门，活动空间多在屋顶上，而建于狭窄的巷道内的楼房，更因栉比鳞次，屋顶彼此衔接，形成一整条看不到天的街道，女人就在彼此相连的屋顶平台上从事社交活动，而男人则在看不到天的屋顶下从事商贾贸易，故而有“鹿港一不见天、二不见地、三不见女人”的古语。

然而，民风越是保守的小镇里，越会出现一些挣脱传统枷锁的女子，鹿港的施家三姐妹——施淑女、施淑青、施淑端，皆为作家，而与我相约于鹿港一级古迹龙山寺东厢房的南管乐师吴敏翠女士，亦是其中之一。

一踏进聚英社，脚下踩的是残破不全的红地砖，墙壁剥落的油漆与室内凌乱的物品说尽了当前境况，尽管现实如此潦倒不堪，高挂墙上的匾额上的四个字“御前清客”，却显得很精神！

鹿港一级古迹龙山寺前聚英社的南管演奏，乃源自唐朝古乐，引人发思古之幽情。

鹿港的童年往事，是一间聚集了老电影海报、广告铁招牌、大同宝宝等老物品的怀旧老茶馆，店家特别钟爱侯孝贤的电影，故以侯导的作品为店名，入口处还贴有《恋恋风尘》的电影海报。

“自从辜伟甫去世以后，再也没有御前清客了。”一位穿着唐装、相貌斯文的中年男乐师，难掩叹息地说着：“现在的南管乐演奏，多于庙会活动、民俗活动、聚英社亲属和平日赞助他们的弦友之婚丧喜庆，或者南北管戏曲文化活动时，才有机会做正式地演出。”

直到一九八〇年初期，南管仍是专属于男人的音乐，只有从事艺妓工作的女性，为了娱乐顾客，才可以雇请老师学习。而在那样的时代中，吴敏翠却因从小伴随阿嬷到龙山寺看南管戏曲而爱上这种音乐，当她下定决心学习南管乐时，父亲听到后的反应：“学南管？不准！那是艺妓学的。”

尽管父亲反对，她依然不顾一切，到聚英社拜师学习。当时的南管社虽然已经开始收女弟子，却仍有不成文的规矩：“女性可以唱戏、但不准吹洞箫。”“正式演出的场合里，女性必须戴上男性礼帽、穿上长袍马褂，才能够登台演出。”

如今，聚英社九成以上的乐师为女性，男性乐师反而寥寥无几，而南管戏曲的演唱者也成了女人的天下，反观以前，唱女角的也必须是男扮女装的男子，南管社团的女乐师，相较于昔日足不出户的鹿港女性，无疑地幸福多了！

外省第二代女子

出了台东火车站，我立即询问观光服务处人员是否有到兰屿的机位，却被浇了一盆冷 水：“没有班机，直到下周三才有空位，回程班机也必须等到明天才有可能；想排候补，必须亲自到机场登记！”“那轮船呢？”“因为台风刚过境，仍全面停驶。”尽管情况如此，我还是搭了出租车直奔台东机场，想碰碰运气！

候补登记簿密密麻麻两页，今天却只剩最后一班班机，我排到第十四位，对于一架仅有十九个座位的小飞机来说，的确需要很大的运气，不过，当天有一个十八人的旅行团，值得赌一赌！没想到我竟然在最后一刻搭上。

飞机的飞行时间只有二十分钟，旅程极其舒适，窗外的景致不是大海、岛屿，便是如棉絮般的白云，很快的，飞机便抵达有着拼板舟造型的兰屿机场，然而，一出机场我却发现，除了一家贩卖纪念品的商店，什么都没有，我只好拖着行李，顶着艳阳，循着指标、慢慢地朝向目的地红头部落走去。

焦灼的阳光使我汗流浃背，整个兰屿岛上处处是台风过后，一片焦黄的痕迹，也看不到任何拼板船的影子，想必为了躲避台风，早已被渔民给拖上岸了！路上巧遇一位骑机车的达悟女子，好心地载我抵达红头村唯一一家饭馆——部落酒吧。虽然已是下午近四点，部落酒吧却仍旧大门深锁，阳台外乘凉的早餐店老板娘一看到我便拉大嗓门：“等一下，她去办事，马上回来。”

十来分钟以后，　位削瘦的女子出现在我眼前，她以缓慢但有力的语气告诉我：“所有的餐点都必须预约，而且这里只有晚上营业。”一听到此，我差点晕倒！她却以一样平静的语调回答我：“二〇〇〇年冬天，我初次来兰屿，那时跟你现在的感受一样，觉得这是一块鸟不生蛋的地方。我当时住在全岛唯一的旅社，就是隔壁的兰屿别馆的二十人通铺，厕所衣橱一打开是小虫，杂货店也只卖过期的饼干，但是我能怎么办？没想到，最后却爱上这个地方，一住就是五年。兰屿的美是需要时间来沉淀来体会的，我也花了半年的时间才慢慢地适应，但是，我因为不碰槟榔与烟酒，族人都笑我‘高格调’。”

当达悟族女子纷纷往汉人都市里发展，越来越多当地的独身男子，面临找不到老婆的严重问题时，黎芝洁这位在屏东眷村长大的外省第二代女子，却选择在兰屿落地生根，落实她一直以来渴望的生活型态，并与达悟族男子结为佳偶，不能不说她与众不同。

一直向往与大海高山为伴的黎芝洁，曾经跑遍了台湾有海有山的地方，虽然一度想在台东县滨海区落脚，开一间画室兼咖啡厅，后来看中意的那块地却被改建成庙宇，如今，她与施有个共同的计划——搭建一栋民宿。

“要有兰屿的感觉，但不要太传统。”黎眼神坚定地说出他俩的梦想。“虽然他学土木、我学美术，对于盖房子都没有经验，但是，我们想亲手打造一栋

自己的房子，融合部落文化、兰屿的生活艺术，以及视觉上的美感。施很要求完美，为了这栋房子的墙壁，他花费将近一年的时间，到山上与废弃的水泥厂搬运大块的玄武岩；里面将会有一间专门展览兰屿年轻人与中年艺术家创作的房间，并且，我们想要有一间兰屿手工艺术的DIY工作室，总之，有很多想法……”黎突然有点急躁，似乎恨不得这个梦想立即实现。

当达悟族女子纷纷往汉人都市里发展时，这位汉族女子却选择在兰屿落地生根，与达悟族男子结为佳偶。

兰屿女人

服装设计师蔡玉妹开着厢旅车，沿着滨海公路前往姨妈家，沿途中，不少路段已筑上水泥墙，海滩边还丢置着丑陋笨重的消波块，与大自然和谐并存的达悟族传统木头茅草屋也大部分被钢筋水泥建筑与铁皮屋所取代，景象令我不忍卒睹：“不知是哪一位没有生态保育与美学观念的人做的主？”我满心愤慨地问玉妹 ，“没办法！兰屿人不能决定自己的命运。”

我想起兰屿人面对台电将自己的家园当作核废料储存场时的震怒，他们进行了长达二十余年的抗争！而自建的宽敞舒适的传统房舍被迫拆建以

兰屿的服装设计师蔡玉妹。

兰屿达悟族妇女祭典时穿的传统服饰，全以手工编织而成，配件部份则有椰子须做成的八角礼帽，木雕人形图腾拐杖，以及玛瑙与银片的项链。

后，换得的竟是公家配给的一间间空间狭隘、钢筋生锈、水泥剥落的海砂屋；如今，老人凋零，年轻人只会在既有的地基上建筑和汉人一模一样的房子了，文明社会带给兰屿人的伤害，使我只想转头望着依旧美丽无瑕的蓝色大海。

“兰屿人只要看到海，就什么烦恼都忘记了。”玉妹望着车窗外的碧海蓝天，满心平静地告诉我：“十五岁那年，我一如这儿的兰屿青年，羡慕大海那一边的花花世界而远离家乡，辗转换了几份工作，觉得这样下去不是办法，才又回到学校学习正规的服装设计，如今，我反而对那里的生活感到不习惯；这里的生活步调轻松，空气清新、风景优美，文化独特，而且我的服装设计也不需要配合当下的潮流趋势，可以保有自己的独特性。”

当我们抵达位于东清村的姨妈家时，隔壁的女人正顶着艳阳、努力地敲打小米，而两位男人则蹲坐在地上，一面喝米酒一面嚼槟榔。根据达悟族传统，敲打小米代表家中女人生了第一胎，满月的时候，男人得敲打小米、煮成两碗小米粥给妻子吃，这原本是男性的工作，如今好像走了样？！不过，依照习俗，面对生产力不佳、捕鱼量不够的男人，达悟族女人可以要求“休夫”。不过，达悟族就算男性招赘入女性家，也不会出现像汉族社会里被岳母家里看轻的现象；而婚礼之时，新娘是由男方的母亲前来迎娶，并且在女方母亲的陪同之下，一起嫁到男方家里，由此可见达悟族性别文化的平等与人性。

玉妹的姨妈家简直是兰屿文化的缩影。客厅的墙壁上挂满了象征她男人勇气的羊角、猪颚、鱼头、鱼鳍与鱼尾、男性穿戴的银盔与赶走恶灵的短刀，电视柜上摆设了缩小了尺寸的兰屿拼板船，厨房的碗柜内堆放着不同形状、用以盛放不同食物且男女有别的木盘，地下室则是姨妈织布的工作坊。

当姨妈穿起母亲的遗物——红白蓝色的内衣、母亲亲手缝制的蓝白线相间的两件式短上衣、短裙，戴上椰子须编制的八角形礼帽与背部防护垫，以及珍贵的玛瑙与银片串成的项链，手执人形木头拐杖时，直让我惊叹！姨妈告诉我："这些东西都是传家之宝，一代传一代、并且男传男女传女，而一件短背心，就算心无旁骛、专心地织，也得花费一个月的时间。现在会织这样布的人少了，而达悟族传统制作银饰的技术也失传了。"她紧接着补充道："这样的服饰只有在特殊的场合才穿，如祭典、结婚，以及邻人邀请你去芋头田里帮忙，为表示敬意，才换上这样的礼服。"

一旁聆听的蔡玉妹神情坚定地告诉我："这些传统服饰的样式虽然因为太暴露，未必适合现代人，但是，我却希望保留达悟族传统织布的技术，设计出适合现代人穿的衣服，而且，这些布的纹路比较有我们的味道，密度也比较紧实。"

在禁忌多的跟天上的星星一样数不清的兰屿，达悟女人婚后有个规定——不准剪头发，因此，传统的达悟族女人都有一头又黑又长的秀发，每当月圆之夜，达悟女人便聚在一起，谈起童年趣事、谈起自己的抱负、或者彼此交流织布的经验，有时兴致一来，会交叉着手臂，在银色的月光下一起甩舞起长长的秀发，她们娇媚的姿态犹如一幅美丽的图画，成为兰屿最动人的景致。

结语——从油麻菜籽到女子为好

许久以来，台湾查某人都认为自己的命运是"油麻菜籽"，台南女性云英的故事道尽闽南新娘的卑微；内湾客家阿嬷对金钱的饥渴出自于贫困的童年与为家庭牺牲一切、做牛做马一辈子，使她们晚年想要藉由金钱独立得到生命的尊严与自由；司马库斯的吴芭蕾莎说出了台湾女性"嫁鸡随鸡、嫁狗随狗"的命运；然而，多种族多文化的台湾社会，却因为历史的变迁与不同文化间的相互激荡，而得以挣脱传统的枷锁，诞生出像黎芝洁一样自由独立的外省第二代女性。而母系社会阿美族的女追男，与男系社会达悟族的女休男，也丰富了台湾的性别文化，使不同族群的台湾女子，命运大不相同，但是，随着时代的变迁，今日的台湾查某人以其独特的韧性，已如鹿港的女乐师们，摆脱了"油麻菜仔"命，而成了女子就是"好"。

STORY-08

黑手党的女人 Sicily 西西里岛

为爱不惜背叛家族荣誉与组织信条的黑道大姐，成了我对西西里女子的第一印象；不过，在所有的意大利女性中，将家庭摆在比自己还重要的位置的，也只有西西里女性！

在西西里岛的这场婚礼上，戴着墨镜的携枪保镖，与新娘新郎如影随形。

又一个成人世界里的童话故事：西西里岛的黑帮教母为了两个男孩的将来，并盼望与狱中的情夫结为连理，决定打破沉默是金的戒律，彻底结束舞刀弄枪的日子，不久后，黑帮老大们相继入狱；她的义无反顾使她身陷莫大的危险，连胞兄也对她下达追杀令！为爱不惜背叛家族荣誉与组织信条的黑道大姐，成了我对西西里女子的第一印象；不过，我的意大利朋友法兰丝西卡却说："在所有的意大利女性中，将家庭摆在比自己还重要的位置的，只有西西里女性！"西西里女人截然不同的两种面貌，吸引我前来此地，希望藉由这趟旅程，揭开西西里女子的双面之谜。

我搭乘前往巴勒摩（Palermo）的快车，六人座的包厢里挤满了女人；传闻中，西西里岛的妇女多营养不良且骨瘦如柴，并因经年从事辛苦的农作而弯腰驼背，没想到，我所遇到的第一位西西里妇人不但身材粗壮高大，体型也格外丰满。

谜一样的车厢女士

妇人坐在入口处，脚边摆着一口异常巨大的行李箱，狭窄的通道登时被堵住。为了畅通走道，我与另一位意大利女子使尽吃奶的力气，同心协力把那跟人一般重的箱子，左摇右晃地塞进高过头顶的铁架上；妇人没有一点不好意思的样子，反而泰然自若的对我俩点头微笑，表示对我们的服务非常满意。

从契法鲁这个中世纪小城的钟楼俯视整个小镇，犹如一幅黄土色瓦片拼出的图案。

西西里岛上，女性的图像无处不在，却多以谜一样的姿态出现，一如露天咖啡馆墙上的这幅图画。

这位女士不抬头，不伸手，自然有人替她服务的贵妇姿态，因她的装扮而更具说服力：一袭Kenzo的黑色彩蝶洋装，头戴一顶插有黑色羽毛的粉红宽边藤帽，右手紧挽着一只紫色四方竹篮，竹篮口上还仔细地覆盖着小碎花布，边上却留下小缝隙，使我不禁怀疑篮内藏着会咬人的小动物。

火车启动了，走道间里挤满了因没有座位而满面愁容的乘客，女士却旁若无人似的，径自从篮内取出一只精致的香水瓶，在胳膊、颈、腋下等处喷洒起来，空气里立即弥漫着热带水果的诱人芳香；她接着慢条斯理地取出化妆箱，对着镜子仔仔细细地打理起容颜，随后还小心翼翼地抚平衣服上的每条细纹，确定每个细节都到达完美以后，才取出篮内的火腿三明治，以品尝鱼子酱的细致，一小口一小口地吃起这道平凡无奇的餐点。

起初，我们漫不经心地互相窥探，几个钟头的车程以后，我们开始闲聊，原来这位女士出生于西西里岛的帕勒摩，自从几十年前移居至对岸的

西西里人对于女性的爱恋，从艺术创作者的巧思可见，这张布满古典美女图的女性上半身像，引发我无限遐想。

那不勒斯以来，这是她头次返乡；当我问她："为何当年离开帕勒摩？"她的嘴角泛起一抹神秘却无奈的微笑："我曾经爱过一个男人，为了他，我必须离开故乡。""Mafioso?"这次的问题再也得不到她一丝一毫的响应，一如几世纪以来，历经天灾人祸的西西里人，早已习惯了缄默，但是女士的沉默，是否表示她是某个组织的共犯，并已赔上了一生的幸福？！如果真如此，为什么她单独旅行，没有男人随侍在侧，难道，她不甘就此度过一生，已抛下恋人？我望着女士头顶上那口异常沉重的行李箱，越发地想入非非起来……

西西里的完美女性

女士的沉默却使我想到西西里男人对完美女人的要求："什么都不说！"就算她们什么都看到了，什么都知道，也得表现出什么都没看到、什么都不知道的样子。

眼前的画面使我回想起《教父》电影的情节：马龙•白兰度清清喉咙的哼声，代表"不"；眨眨眼皮、微微低头，即表"是"；如果以手指轻触额头后、用力甩手，即代表"难以做出决定"。而黑手党电影里最常出现的台词："Nun sacciu nnenti!"（我什么都不知道！）势必将成为我这趟旅行中最常听到的答案，看来，我只能从无声胜有声的沉默，以及西西里岛独特的肢体语言中，尽可能寻找出解答。

帕勒摩的阳台老妇

怀抱着满心的疑问，我抵达传说中的黑手党故乡帕勒摩，一步入城市，心中对这个罪恶之都的疑虑，立刻被当地明媚的风光给扫除一空。

街道两旁的民宅建筑外墙颜色，满是温暖的鹅黄与砖红，虽已饱经风霜，却不显颓败，反而随着岁月流转增添了古味；位于市中心的罗马大道与马格达大道上，精雕细琢的古迹建筑更是栉比鳞次、风格变化万千，从十二世纪的阿拉伯诺曼式建筑、十七世纪的巴洛克教堂，演变至十八九世纪末期的新古典艺术，一趟走下来，犹如上了一堂活生生的建筑艺术史课程。

在如此赏心悦目的城市里，应该很开心，我却逐渐发现，不少座楼房

这位西西里岛女子，将荷马笔下的“阳光之岛”穿在身上，四处传播她的爱心。

的阳台上，都可瞥见孤独老妇的身影，和美丽的建筑形成强烈对比；这些老妇一大清早便倚在阳台的铁栏杆上，无精打采地眺望着远方，就只看着过往的行人来来去去，什么也不做，直到有鱼肉蔬果的摊贩出现的时候，她们才会挪动身躯，将垂挂在墙上的吊篮取下，在篮内先放张十、二十欧元不等面额的纸钞，再将竹篮徐徐地降落至地面，等小贩将蔬果鱼肉装满篮子后，再将篮子提上来。

“她们是在等待着什么吗？”我禁不住好奇，终于向旅社附近公寓二楼的老妇罗莎提出这个疑问：“一个人住？”“嗯！”“家人呢？”“丈夫儿子早已……”她看了看天空，并以大拇指做了升天的动作。

在传说中的黑手党故乡帕勒摩，不少座楼房的阳台上，都可瞥见孤独老妇的身影，她们一大清早便倚在阳台的铁栏杆上，无精打采地眺望远方。

“听说意大利女人可以有很多老公？”我开玩笑地问她，没想到她却一本正经地回答：“那是意大利北部的女人，她们可以拥有很多爱人，并且可以拖到三十八九岁还不结婚，但是西西里女人不同，我们的生活除了工作以外，没有娱乐。”“不考虑再婚？”罗莎的语气突然转为凄厉，大声地吼叫着：“我的人生够惨了！”言下之意，婚姻带给她的只有痛苦！难道，她的丈夫儿子是黑手党？

“没结婚以前，你知道婚姻生活有这么痛苦吗？”“我要是知道婚姻是这么一回事，我根本不会结婚！我宁愿去当妓女，这样，我高兴做什么就做什么！”

但是，为什么有机会摆脱婚姻束缚、丈夫儿子也都已离开人世的罗莎，竟成了足不出户的阳台妇人？难道她也没有朋友与亲人？

旅程中所看过的关于黑寡妇的报导，这会儿排山倒海地在我脑海里展开，我想起一九八二年至一九八八年间的一群黑寡妇与伤心的母亲，不由心头一颤；身处西西里，只有一种原因会使得失去丈夫与儿子的女人，也同时失去整个社会、亲人与朋友的支持。

复仇的母亲

圣母以一贯的姿态，两手摊开、双眼凝视上苍，表情祥和地聆听着这位母亲的心声："啊！我敬爱的圣母，你是世人的母亲，完美纯净理想的化身，请您眷顾我，平抚世间母亲的苦痛……"塔欧米娜（Taormina）教堂的大厅里，穿着黑色丧服的女人跪在椅垫上，她双手抱十，急促地祷告着，这位母亲的面容看来如此地憔悴、神情也充满痛苦，面颊上不停抽搐的肌肉，暴露出女人内心正蒙受着剧烈的创伤。

女人刚刚失去她的孩子——十七岁的独子，自从丈夫死去以后，这孩子成了她唯一的倚靠，现在，Cosa Nostra连他也夺走，一如几年前，这群人从她身边夺去她的丈夫！只是那一次，她隐忍下来，为了儿子，她决

圣母玛丽亚是西西里女性一生瞻仰憧憬的完美女性化身，她们歌颂她、赞美她，对她倾诉许愿。

定忍下来，遵循西西里千年不变的沉默传统；但是，这一次，她什么都失去了，没有儿子，她也失去了存在的价值。

母爱与仇恨使女人忘记了恐惧，她决定不顾一切、向警方和盘托出幕后凶手。她成了世人眼中的女英雄，却也成为西西里人的公敌，没有人再敢雇用她，与她说任何一句话都被视为共犯，朋友、亲人都把她当作传播瘟疫的死神，避之唯恐不及，这一切只因为她触犯男人世界的法律：“反抗视同背叛；睁开双眼只有死亡。”

而在这个表面平和美丽、内部血腥恐怖的世界里，连婚姻与性爱都无可避免地与血腥与暴力紧密连结在一起。

古怪的婚礼

穿着紫色礼服的伴娘，牵着一只金毛狗，焦虑地在大楼门口踱来踱去；姗姗来迟的新娘子，神情竟也如伴娘般，充满了焦躁、疲惫与不安，从她的神态里，我看不出一点儿新婚的喜悦；陪伴在一旁的新郎则是战战兢兢、笨手笨脚地拉起新娘子拖地的长裙。

紧紧跟随在两位新人身后出现的，竟然没有一位亲人，却是两位挺拔

一对新人在摄影师的指令下摆出接吻的Pose。

魁梧的酷汉。两名男子穿着黑色的西装礼服，戴着黑色墨镜，一只耳朵塞着无线耳机，另一手插在裤腰袋里，两眼机警地观察周遭的环境，似乎在提防着什么。十来分钟过后，四名男子出现，他们各自提着黑色硬壳行李箱，对两位黑衣男子点了点头、彼此交换了沉默的目光以后，随即进入大楼。

新郎新娘像是互不相关的陌生人，分坐于中庭喷水池的两端，面无表情地等待着四位男子的出现，看着他们各自打开行李箱，取出其中的脚架、摄影机、闪灯座与照相机，并且一一架好以后，才在摄影师的要求之下，坐到一块儿。“现在，新郎亲吻新娘！”摄影师以权威的腔调下达命令，刚刚还犹似陌生人的新郎新娘，这会儿已俨如恩爱夫妻！俩人像傀儡戏里的木偶，依照摄影师的指令，合作无间地演出“幸福婚姻”这戏码。

最后一场接吻场景的Cut终于完成了！两人的表情如释负重！摄影师却要求两人移驾至阿基米得广场的喷水池畔。紧张的伴娘牵着心爱的金毛犬，先行到喷水池畔守候；新娘新郎扳起一张脸、低头不语地走在人行道上；两位保镖紧随在侧，环顾过往人群与楼房的门窗。来来往往的行人看到这对新人，纷纷一厢情愿地献上他们的祝福：“新婚甜蜜！”“新婚快乐！”“祝你们永远幸福！”新娘子终于露出笑容，新郎也展露微笑。

只是如此这般古怪的婚礼，我在西西里各地都有机会得见，让我不能不对这些西西里女人为什么结婚感到好奇。

嗜血的母亲

翻翻此地的报纸便可知晓，民风保守的西西里社会里，女人如果在婚前失去贞操，不管是何种原因，她都只有两种选择：一是嫁给这名男子，二是选择逃亡！穷苦人家更希望两人选择后者，因为如此一来，两家还可以省下一笔相当可观的婚宴费用；否则，她的男人极可能面临这种下场：陈尸于某个荒山野岭隧道、一辆车窗贴满报纸的废弃汽车后座。

若是对象是自己一点也不爱的男人，最可怜的便是新娘，为了家族的面子与男人的荣誉，她必须以一生的幸福来换取，并得生下儿子，才算称职的母亲，难怪这些西西里女人会将母亲这一角色，当作报复男人、提升自己在家族中地位的唯一手段。母亲训练儿子只爱自己，视自己为世上唯一理想的女人，并与所有其它女人为敌，而这种建立在占有欲、复仇与血腥基础上的母子关系，在某些村庄里，甚至代代相传，并且自婴儿一出生便已开始。

西西里街头四处可见专门贩卖老照片的旧书摊，我在其中发现了《Excelsior》这本杂志封面的美丽女子，她穿着打扮与当时岛上的女子大相径庭。

Excelsior
La Principessa Giovanna: Fior di dolcezza
LIBRETTI
SACRI

刚产下男婴的母亲，以连结两人之间的脐带血，清洗新生儿的脸，希望以此保护儿子，将来免死于他人刀下；等孩子长大了些，母亲会拥抱着孩子，一面吸吮着孩子的脸颊、脖子、裸露的手臂，以及身体其它部位，一面高声喊着："我吃你，我把你整个人吞掉！"

黑社会女人对待濒临死亡的丈夫的方式也不同于一般。母亲带着孩子一起亲吻他带血的伤口，做出吸吮的姿态，直到口鼻都覆满了鲜血才呐喊着："我要以同样的方式吸食凶手的血，我渴求死了！"

而这种种以血为名或与血相关的仪式，相当程度地突显出这些母亲完全不同于她们心目中的完美女人——圣母玛丽亚的形象与个性，却也多少传达出当地女性追求光明与黑暗的双重性格。

在契法鲁的海滩上，四处可见穿着两件式、一件式、甚至夏娃服装享受日光浴的西西里女子。

粉红色女郎

每到炎炎夏日，契法鲁（Cefalù）的海滩上，便可见到穿着两件式、一件式、甚至夏娃服装享受日光浴的女子，小城里也到处可见胸脯可观的女孩，全身上下覆盖着薄如蝉翼的比基尼，肆无忌惮地出没于大街小巷，甚至教堂！然而，这些比基尼女郎的身旁，必有护花使者相随。

黑色墨镜男子的前后胸膛刺满龙腾虎跃图案，紧搂着他的比基尼女郎，大大方方地走在街道上，完全打破了黑道情侣只能活在阴影下的铁律，我原想追随两人，却因一位金发女郎的出现而转移了目光。

女子的步履轻盈，神情愉悦，费尽心思的装扮，一看就知道是为了与情人会面。她卷曲的长发上系着粉红色的蝴蝶结缎带，身穿充满梦幻感的滚花边浅粉色背心，搭配缀饰着粉红色亮片的牛仔热裤，脚踩一双宽木跟高跟鞋，鞋面也巧思地缀饰着粉红亮片、并于鞋面系上粉红色缎带，手还拎一只深浅粉色与白色亮片缝制而成的包包，包口处则精心地扎着一条粉红色缎带，整个人看起来就像是一个粉红色的奶油蛋糕，既可口又性感！她那幸运的情人是谁？我拦住这位心境有如站在云端上的粉红女郎，在她约会的咖啡馆里东聊西扯起来。

“你那位幸运儿是什么样的男人呀？”

“很一般呀！就跟这里你所看到的男人一样。”

我回想起在这个小镇里看到的那些男人，肩并肩地坐在人行道上晒太阳，一如帕勒摩的阳台老妇般，一动也不动地看着过往行人来打发时间，要不，就在撞球桌上、酒吧间里消磨掉一整个下午，在此，男人的生活里见不到女人的存在。

一身粉色装扮的“粉红女郎”。

“什么样的女人会喜欢黑手党？”

我的问题似乎让她楞了一下！她突然变得有点结结巴巴：“你知道，这里的女人都有机会结交‘这样的男人’。刚开始的时候，你自觉有如皇后般尊贵，到哪里都有人殷勤地伺候着你，更重要的是，倾听你说话、把你说的一切都当回事！这样的感觉对西西里女人很重要。”

“为什么？”

“因为在家里，没有人会在乎你说些什么！你的感觉是什么！除非你成为母亲，直到那个时候，你所说的话才有份量。”

“和这样的男人在一起，有什么样的感觉？”

“有如上帝！因为，他的意旨代表一切。”

粉红女郎突然起身，脸颊荡漾着幸福的笑容，满心欢喜地投入爱人的怀抱。男人从袋里取出刚买来的印度无花果，细心地剥起皮来，他要女友先尝几个解解暑以后，才与我挥手道别。

临别以前，我要求留下女子一张照片做纪念，男人的眼神里满是骄傲，谦卑地站在一旁恭候他的女神；我望着两人渐行渐远的背影，第一次，感到西西里阳光的温暖。

结语——双重面貌的特丽娜克丽阿

返法以后，这些女人的影像一直萦绕在我脑海中，彼此交错、重叠、混杂，直到我再也难以分辨谁是谁。沉醉于爱河的粉红女郎与为爱走天涯的车厢女士，难道不是同一个女人的前半生与后半生？为了复仇、不惜与全西西里人为敌的哀伤母

快餐熟食店老板娘——安洁莉娜，店门口贴满了引人垂涎的西西里美食图片，还在每张料理图片旁写下诸如此类的批注：“西西里，一个料理的故事”、“意大利宽面=绿色草地”等令人深思的句子。她以充满激情的口吻，指着照片左边那位胡子男士：“我的爱人——多多，他是意大利最棒的演员，比马斯楚安尼还伟大！”

亲，是否也曾是不快乐的新娘？为了复仇，她蜕变成嗜血的母亲，并注定如孤单的阳台老妇般终老此生；这些女人的身影，与塔欧米娜气势恢弘的古希腊剧场、娜多小城里令我眼花缭乱的雕刻与美食、中世纪古城契法鲁的蔚蓝海岸、帕勒摩色香味俱全的富戚丽亚传统市场、卡萨皇城的《九位比基尼女郎》马赛克画、各地教堂建筑的美丽风光，交织成一幅幅绚丽多彩却又神秘难解的黑手党女子画像。

阴郁的西西里人，将岛屿的三岬变成三条腿，以三腿围绕着美杜莎头的特丽娜克里阿，来象征这座光明又黑暗的岛屿。

一如象征西西里岛的蛇发美女特丽娜克丽阿，既是带来光明的太阳，也是死亡黑暗的化身，黑手党女子也以南辕北辙的双重性格与面貌出现于世人面前，但这样的形貌却非她们所愿，而是西西里岛的历史宿命使然。希腊、罗马、阿拉伯民族，拜占庭、德、法、西等帝国强权，都曾先后入主此地，使得不断反抗、却不断被统治者血腥镇压与剥削的西西里人民，不能不仰赖勇气与家庭的力量以求族群延续；但是，将家庭荣誉与为人妻母放在第一位的传统教育，却使得西西里女性失去人生目标与生命热情、只知守着丈夫孩子过日子，并且为了保护家族成员，不惜成为罪恶组织的顽固守护者，使美丽的西西里岛成为孕育恐怖主义的温床。

还好历史的发展并非一直如此；近年来，经由少数几位女性的觉醒与努力，已带动越来越多的妇女走上街头、反对黑手党组织，如果大部分的女人都愿意站出来，表达她们渴求无忧无惧的生活的意愿时，相信这个缠绕西西里岛近千年的黑色恶灵，终将随着白昼的到来而消逝。

STORY-09

独立时代的女性

荷兰

自一九四八年起，荷兰王室由女人掌舵，连续两任女王当家作主以后，女性在荷兰家庭与社会中的地位是否也跟着不同于以往？

荷兰女性给我的第一印象有如十六世纪的荷兰绘画。

贵妇们穿着白色“千石领”的深色礼服，神情肃穆地凝视着观者，一位妇女手里抓着一只钱袋，桌上散放着几枚金币，手指着桌上的钱币，为她们一手创建的孤儿院与养老院筹募经费，而许久以来，这些慈善机构是有权有势的荷兰妇女唯一可以做主、施展抱负的自由天地，平日，她们只能当个贤内助，从旁协助丈夫的事业，但自一九四八年起，荷兰王室由女人掌舵，连续两任女王当家作主以后，女性在荷兰家庭与社会中的地位是否也跟着不同于以往？

珊与阿涅萝丝

看了根据荷兰画家维梅尔（Johannes Vermeer, 1632—1675）《戴珍珠耳环的少女》（Girl with Pearl Earrings, 1665—1666）画作编写成的同名电影，剧中那位内心情感丰沛、外表却冷静自持的少女，使我回忆起在莱登（Leiden）小镇的De Brandery咖啡馆内巧遇的珊与阿涅萝丝。

在荷兰街头上，常可见到妇女以脚踏车改装而成的三轮车，载着她们心爱的宝宝穿梭于大街小巷。

珊与阿涅萝丝两人同龄，都是二十一岁，莱登大学的大学生。

珊主修公共行政，十八岁离开家，一个人到澳洲独自生活了一年，十九岁便独立生活，对于自己的早早独立，她非常引以为豪：“比起二十一岁才展开独立生活的母亲，我整整提早了两年。”

珊说话的方式简短有力，并且对自己人生的规划与安排也显现得相当自信：“我要有自己的生活。”她信誓旦旦地说着，犹如这是她的人生宣言。当我问起她的人生抱负与理想时，她一反刚才的凌厉，变得结结巴巴、脸色晕红、不太好意思地回答我：“希望跟现在的男友结婚，共组家庭，一起照顾小孩。”

“就这样？”

“还有环游世界。”她说这话时又变得豪气万千。

“万一你现在的男友说他爱上别人，不想跟你结婚了呢？”

一直满脸笑容的珊，立刻两眼一睁，露出凶神恶煞的模样，大吼大叫地嚷着：“×××！”并且像故障留声机一样，不断重复播放同一句话。

我抵达黛芙特小城的第二天，十来对新人纷纷前来市政府举行公证结婚，婚礼既浪漫又典雅。

市政府厅内的公证结婚，庄严又不失典雅，而女证婚人身后的那两幅男女画像，见证了婚姻制度的历久不衰。

我转身问一旁的阿涅萝丝，二十一岁的她，念法律系，希望日后成为律师，她的回答与珊如出一辙，并且坦承："独立自主生活虽然重要，可我并不想一个人过人生，丈夫对我而言才是最重要的；除此以外，我希望两人之间的关系很真诚。"

珊与阿涅萝丝两位女性对独立人生的追求，对情感生活的重视，以及真诚至上的人生守则，深深地感动了我，也促使我日后多次探访这个国度，希望从不同年龄、社会阶级与职业的荷兰女性身上，理解这个世人口中包容、开放与多元化思想的国家。

少女马妮克

我来到中产阶级集聚的哈莲娜（Haarlemme）。小城风光明媚，气氛恬静，生活节奏舒缓，一切看起来井然有序，与各色人种聚集、不同的文化交互刺激的阿姆斯特丹形成强烈的对比，在这样的城镇里生活，人的思想行为是否因缺乏多元化的刺激而显得保守？

在街头闲逛时，我发现周遭人群虽不是生得三头六臂，不少青少女却是穿孔一族，全身上下、里里外外，凡是可以打洞的地方都留下印记，她们当中，不少人的穿着打扮还带有朋克女王薇薇安•魏斯伍德（Vivienne Westwood）的风采，叛逆性格不言自明。当我问其中一位少女，为什么打扮成这副模样？她耸耸肩，不太好意思地回答："自己喜欢，觉得不同于一般，漂亮且有趣，便也去弄了。"

"不同一般，漂亮、有趣"也是十三岁少女马妮克迷上哥特次文化的原因。

"哥特风融合了诗歌、艺术、音乐与服装，最能表达我的风格与喜好。"每当她穿着黑底红白十字的哥特服装以及厚底皮靴，出没于公众场合，总会引人侧目，她却对他人异样的眼光毫不在乎，"我的外婆是印度尼西亚华人，她总是教育我的母亲'你要如他人一般，千万不要做蠢事！'而荷兰教育却告诉我，我得忠于自我，而且，面对真实，没什么好遮掩害羞的。"因此，相较于也在荷兰受教育的母亲，马妮克更习于表现情感，面对自己的与众不同，也能坦然接受，并且自信心十足！

单身女性养老院

以前在巴黎留学期间，我与几位感情特好的女友们相互约定："等我们老的时候，无论因什么原因而孤单一人，我们一定要合租间公寓，住在一起，好彼此互相照应，一起度过余生。"没想到，这个单身老女人公寓

十三岁少女马妮克，是地下文化哥特的狂热支持者，她藉哥特衣着表现自己与众不同。

的念头，早在十八世纪的荷兰便已落实。

第一次看到冯悟尔科特女性养老院（Hofje Van Oorschot）时，还以为这是一座小区公园，“ㄇ”字形的两层楼建筑包围着一座百花盛开，绿草如茵的花园，花园中央还竖立着一座女童雕像，宁静优雅的气氛使我浑然不觉这是一座专门收容单身女性的养老院。

芬加• 虎珀丝坐在房外的花园露天雅座，桌上放着一只俄罗斯红色茶壶与一块红色樱桃奶酪蛋糕，我的来访明显地引起她的不悦，因为，此时此刻，她正忙着调整老花眼镜的距离以阅读报纸，不过，她还是勉为其难地回答了我的问题。

芬加现年五十三岁，一年多前住进这间养老院。“这是一间专门收容孤苦无依又贫穷的老妇的养老院，一七六八年三月十日由本地商人伍特鲁斯• 冯悟尔科特创建，最初，这儿一如其它的养老院，只收容男子，但是因男人不懂得照顾自己，所以准许每位老人带一名女管家，一方面可以照料老人的生活起居、为他洗衣做三餐，另一方面也可以维系养老院居住环境的整洁。这些女管家原本住在厨房内，老男人死后，将房子与积蓄遗留给如亲人的女管家，时日一久，这些地方逐渐从原本的男性养老院，转变为单身女管家的居所，最后演变为我们今日的单身女性养老院。”

为了对单身女性养老院有更深入的了解，我拜访了院内最高龄的土尔丝• 波恩，这位现年八十二岁的老妇，在此地已居住了十八个年头，我的冒昧来访似乎带给她无限的喜悦，她极其热情地招呼我进入她的家中参观，并且毫不遮掩地让我穿梭其中。

这是一栋十来平米大的两层楼公寓，楼下隔为客厅、餐厅兼书房以及厨房，楼上是浴室与卧房，堪称小而美的空间设计；土尔丝却一直为她居所的狭小感到不好意思，还连声向我抱歉！我当下真想告诉她，很多亚洲国家至今连间像样的养老院都没有，更不要提花园洋楼等级的女性养老院，女人生在亚洲这些国家，只能自力救济！

“入住到此地，须要符合什么样的条件？”

“年满四十岁以上的单身女性，无儿无女的寡妇，或者需经济援助的。”

“您呢？”

“未婚。没办法，没找到适合的对象，又不想随便找一个嫁，所以啰……”

“如此说来，如果我不结婚，再过几年，我也可以申请啦！”我俩相对一笑。

“不过，说实在的，我真得很喜爱这儿的生活，有其它人可以分享交流，有事还可以互相照应，生病也不用害怕。”

荷兰的女性养老院(Hofje)，让单身或孤苦无依的妇女可以有宁静优美的栖身之所，并且可以相互扶持，达到老有所终的理想。

土尔丝告诉我，像冯悟尔科特女性养老院这般的养老院，甚至居住质量比这儿更好的，在荷兰各地都有，并且大多数开放参观，看来，单身的姐姐妹妹们应该好好考虑荷兰。

玛丽斯卡• 马鸠

我下榻在阿姆斯特丹一家修女们开设的青年旅社，我问修女们为何将旅馆开在风化区，她们先是辩称：“从未听闻过红灯区。”经我不断追问以后，她们才勉强回答：“这是为了传教。”

为了对荷兰妓女和这个行业有更进一步的了解，我来到妓女信息中心(P. I. C.)，与创办者玛丽斯卡• 马鸠（Mariska Majoor）见面。

玛丽斯卡戴着一顶男孩帽，穿着一身休闲运动装，两手插在牛仔裤口袋里，一付酷酷的模样。“有什么我能帮忙的吗？”她以一口纯正流利的英语打开话匣子。

玛丽斯卡才三十六岁，却已是饱经风霜的成熟女子：“在没有任何援助的情况之下，一九九四年，我创立妓女信息中心，独自苦撑了十一年。最初的目的是希望藉由这个组织，让荷兰妓女从业者交流经验、互相帮助；如今，性工作研究者、妓女或者顾客三方，也可以通过这个组织，得

Lapdance
Bar
OPEN

红灯区里的橱窗女郎，在这个不到两坪大的空间里，架构出一个纯属情色的异想空间。

与阿姆斯特丹老教堂比邻而居的红灯区，在同一个天空下，各自宣扬各自的理念，并融洽相处了几个世纪。

到他们想要的任何信息，真正地了解妓女这个行业。”

尽管妓女信息中心的存在是如此不可获缺，并且每年向两万五千位各界人士提供专业的咨询，它却始终无法获得来自官方或社会局的半点协助，十多年来惨淡经营，勉力维持，让我不能不佩服玛丽斯卡的毅力与勇气。

“为什么你对妓女这个行业那么感兴趣？”

“我曾是。”

玛丽斯卡入行的原因却让我匪夷所思：“十六岁那年，我想买一条狗，但是不想向家人要钱，因此离家出走，进入这个行业。”她以略微自嘲的口吻，故作轻松地说着，脸上带着藏不住的笑意，好像谈的是别人似的。

“一条狗！一条狗？”我难以置信地再问。

“另一方面，我希望有钱买想买的东西，希望过独立自主的生活，而在荷兰生活，一切都很贵。”

“荷兰这么先进的国家，穷人还是这么多吗？”

G A Y
VIDEOTAPE
€ 9,95

在商店橱窗里扮成猫女的女郎。

荷兰百货公司的橱窗设计，大胆另类，以SM为主题。

红灯区的展示橱窗，以戏谑的方式挑战性别观。

“不是未开发国家的那种贫无立锥之地，但是生活困苦者所在多是！”

玛丽斯卡告诉我，光是阿姆斯特丹红灯区就有来自五十多个不同国家的妓女，这些有照的公娼多是出于自愿。

“她们自愿成为娼妓的理由？”

“为了改善生活。尤其是非洲与南美洲国家的女性，为了一家大小的温饱与更好的未来，不得不从事这个行业。”

“为什么？”

“这是她们唯一的机会。如果换做是我，为了家人孩子，我也这么干！”声调一直保持平稳的玛丽斯卡，瞬间变得有点激动……

尽管妓女的收入丰厚，却因市场的需求（入行者大多为十八岁至三十岁的年轻女孩）与竞争的激烈（随时需要新鲜货），致使她们的职业生涯十分短暂，一般来说，只有四至十二年；此外，职业的特殊性也衍生出种种家庭问题。

“谈谈你的父母吧？对你所做的这个决定，他们的反应？”

“不赞成！至今依旧如此。你看到这些画吗？这些都是出自我父亲之手。当他得知我当妓女以后，多年沉默不语；十多年以前，我决定成立妓女信息中心，他开始以‘红灯区’为主题，画出一系列作品。”

贾普• 马鸠（Jaap Majoor）先生笔下的红灯区色彩绚烂，但是画中的女子多愁眉不展、姿态畏缩慵懒，与我所看到的笑容可掬、肢体活泼的妓女们大有出入，也与眼前神采奕奕的玛丽斯卡• 马鸠完全不同，看来，贾普先生对于女儿的抉择十分伤心，却又因爱她而不愿责备，只好用画来表达他对女儿的情感；而玛丽斯卡也因珍惜父爱，才会将这些画作永久典藏于此，并将其纳入她两本有关性工作的著作里。

玛丽斯卡• 马鸠是位幸运女子，二十四岁遇到真爱，丈夫尊重她的选择，两人之间相处毫无问题，还生了个可爱的女儿，今年已八岁，不过，女儿似乎对母亲的职业并不知晓。“因为她年龄还太小，无法了解这样复杂的事。”玛丽斯卡• 马鸠笑着说。“你会同意你的女儿也选择你的职业吗？”“不会，太辛苦了！这个行业有太多不为人知的艰辛，只有最强悍的女人，才能做娼妓这行。你想想看，既要从压榨自己的男人身上拿到钱，又要学会保护自己不受伤害，这得多么坚强才行！在现实社会中，还是男人压迫女人。”

“你如何看待娼妓这份工作？”

“这是 一份职业，一如所有其它的职业，应获得相对的尊重。”

“那你喜欢这份职业吗？”

“厌恶！一如这里其它女子。”

临别前，我问玛丽斯卡• 马鸠对未来的期望，她毫不犹豫地回

抽大麻的专门店《SMOEK》，店面设计流露出十九世纪末、二十世纪初的奥地利画家古斯塔夫• 克利姆特绘画中“爱”与“死”的主题与清晰的人物风格。

喜爱斗牛犬的酒吧老板，不但以爱犬命名酒吧，还在自家店门外墙上，画下斗牛犬拟人化的各种姿态。

答：“请给我们更多的尊重，我们也是人。”

酒保与老板娘

有件事一直让我百思不得其解：为什么在荷兰酒吧中逗留的，都是男性？难道荷兰酒吧大部分是Gay Pub！这也使我在喜剧酒吧第一次遇见两位女性时，竟有喜出望外的感觉。

“我头一次在酒吧遇到女性，荷兰酒吧多是同性恋俱乐部吗？”

“怎么会？”肤色苍白的七十七岁老妇人阿乐丝皱着眉头反问我：“会不会你去的时间不对？下午五点到九点才是人潮出没的时间，而且，我们这儿的女酒保挺多的！是吧？！”阿乐丝转头问正在吧台内擦啤酒杯的女酒保柏克芳。

“嗯，好像不少……”柏克芳漫不经心地应声着：“光我们小镇便有三位。”说着说着，她突然停下手上的工作，伸出手指头算了一遍：

我在喜剧酒吧里遇见惟一的女酒保——柏克芳（Boke van Ombergen），五十九岁的她，是少数婚姻幸福的荷兰女性，因为孩子年幼的时候，她选择待在家里。

“嗯！三个人，没错。”

这位女酒保的体型壮硕，身材福态，看起来已是阿妈辈，与我习见的吧台人员大有出入，原本以为她是临时工，一问之下才知她在此工作了八年多。

“我今年五十九啦！年轻时曾在Pub上班，但因为孩子问题，不得不辞掉工作。”

“不能同时兼顾吗？”

“没办法！”柏克芳露出一脸无奈的表情，继续擦她的酒杯。

一旁猛喝酒抽烟的阿乐丝突然接腔：“我们荷兰女性虽然绝大多数受过高等教育，拥有独立自主的精神，并且喜欢工作，但手头却没有多少现金！”

“为什么？”

“我们没有足够数量的托儿所，收费又高，一般家庭根本付不起，女人只好留在家里带孩子。柏克芳的婚姻幸福，因为她选择待在家里，但是我的两个女儿不想这么做！一个女儿已经离婚，另一个女儿也快啦！”阿乐丝摊开手，做出无奈的表情。

“那么在酒吧里闲逛的这些男子的婚姻状况又如何？”

“他们十之八九都离婚啦！来这儿交朋友，聊足球、政治或宗教，你知道，男人聊来聊去，都是这些话题。”

来自英国伦敦的Gay，来到标榜性自由解放的阿姆斯特丹来完成终身大事！

河畔咖啡馆的俄罗斯红发女子。

结语——理智与情感的冲突

离开喜剧酒吧以后，我的心情竟有说不出来的沉重！在荷兰旅行的这段期间里，我不时遇见如少女马妮克般，勇于表现情感、坦率真诚的女性，她们均如珊与阿涅萝丝，以早早展开独立生活自豪；但为了谋求个人的经济独立与自由自在，也可能像玛丽斯卡，所作所为既不在乎后果，也不考虑亲人的感受。

而今日的荷兰社会里，虽有一如冯悟尔科特女性养老院般环境优美的女性养老院，却没有相对数量、且质量优良的托儿所，导致荷兰女性走入家庭、由妻子成为母亲以后，大多数都被迫放弃全职工作，留在家中照顾孩子，或选择兼差，不但无法实现她们经济独立自主的梦想，也失去实现自我的价值和证明自己的机会。

女性为了爱情而走入家庭，为了家庭却丧失自我，代价之高，未必是这些受过良好教育，个性率直，自视甚高的荷兰女性乐于承受的，这不但是阿乐丝的两位女儿选择离婚的主要原因，也造成今日的荷兰社会里，越来越多的女性选择单身或者离婚。看来，独立时代的荷兰女性若想实现幸福人生的梦想，光靠自己的努力是不够的，还需要整体社会的配合，以及伴侣的体谅与分担才行。

三位荷兰妇人，相约在广场，一同参加女皇的生日庆典，因为女皇喜爱橘色，三人刻意一身橘色装束，但我怎么瞧，她们都像三位忘了拿扫把的女魔法师。

刺青，对荷兰人而言，好似全民运动般受欢迎。

STORY-10

女人当家 Thailand 泰国

泰国人称呼男变女的变性人为Kathoey，他们当中，不少人成为舞台明星，千娇百媚的姿态与美丽的容颜，让观者浑然不觉他们的男人身。宁为女人的Kathoey，抢走了世人对泰国真女人的注意。

E.24

撇开泰国多如繁星的古刹名寺、泰式料理以外，若说还有什么诱因吸引观光客非得前往、一探其究竟，非颠鸾倒凤、性别倒错的Kathoey（泰国变性人）莫属。Kathoey这些假女人不但在泰国社会的人口比例逐年增加，形成越来越普遍的社会现象，还因泰国拳王农图（Nong Toom）着口红上阵参赛，以及另一著名的Kathoey——莉莉主持的泰语教学节目广受全国观众欢迎，使得泰国社会一改负面心态，开始以包容、正面、积极的态度来接纳她们；再加上佛教界也将Kathoey视为正常的性向，促使泰国外交部一度考虑为她们专门设计一款护照，贴上手术前与手术后的照片。这些宁为女人的Kathoey抢走了世人对泰国真女人的注意，却也激起我强烈的好奇心，促使我前来探访当今泰国女人的真实生活现况。

让我惊讶的是，泰国社会对于变性人（Kathoey）的接纳与包容，使得他们可以自由自在地展露自己的性向，并得以充份融入泰国社会，从事各行各业而不会遭到异样的眼光。

女人掌舵的水上市场

为了目睹泰国最著名的丹门诺恩•萨笃阿克（Damnoen Saduak）水上市场的盛况，我特意起早，天色未明，便赶紧从下榻的旅馆出发，前往曼谷南方巴士总站。我在红衣女郎的带领之下，坐上七十八号公交车，司机一路飞驰，却仍花费两个小时才抵达码头。

我讨价还价了半天，才得以一个半小时两百五十泰铢的价格，租到一艘船，接洽生意的是位年轻干练的女性，前来迎接我的舵手却是位中年颓废男子，并且驾驶着一条马达驱动船、横冲直撞前进，让我好生失望！传闻中的丹门诺恩•萨笃阿克水上市场，不仅完全由女性掌舵、女人营运，还承袭古早流传下来的摇橹方式，而女人头戴笠帽、徐缓摇橹前行的美丽画面，难道已随时光而消失？

泰国最著名的丹门诺恩•萨笃阿克水上市场，完全由女性掌舵，充分显现泰国社会的经济支柱，仰赖女性的勤勉持家。

船前行十来分钟，我终于瞥见女人摇橹的身影，她们不分年龄、高矮胖瘦，各个都胭脂细粉涂满面、巧心装扮，并且花费心思打点的还不仅是自己的容貌，也用来美化居住的环境与店面的布置；船上货品的陈列摆设，都依照不同的颜色、种类与大小形状来分类，务求一目了然与整齐清洁，家家户户的庭院里也种满鲜花绿树，使得整条水上市场看起来美如图画，令观者赏心悦目。

而丹门诺恩•萨笃阿克水上市场也反映出当今泰国社会的经济支柱仰

泰国皇后以宛若葛丽丝•凯莉般出众的气质与美貌，赢得泰国人民的爱戴。

仗女性的勤勉持家，以及女人当家作主的事实！在我日后的旅程里，更加深了对此的体会。

Go-Go Bar的阿雅

我来到泰国最国际化的大城市清迈（Chiang Mai），寻访著名的洛克萝街（Thanon Loi Kroh），这条只在夜里存在的街道！

每当夜幕低垂，这条充斥着酒吧的街道便清一色亮起红色霓虹灯，成了名副其实的“红灯区”。来此处的大多数为单身男子，年岁约莫介于二十岁至五十岁之间，他们大多独自来此，极少数呼朋引伴前来，也有合家大小一起光临、只为喝杯咖啡的。这些夜店的陈设都极其单调：吧台、电视机、撞球桌和几张桌椅。

酒吧腾出一半以上的空间放置撞球台，实在让我百思不解，但是当我看到酒吧女子们的撞球表演以后，马上豁然开朗。绿色的台面映照着微弱的灯光，以及两位女子若隐若现的身影；两位女子身着迷你热裤与V字型开口短襟，手持撞球杆子，围着硕大的台面绕行，两人虎视眈眈、互相较量、直到其中一人琢磨出完美的推杆进洞角度，双方才停下脚步。女子弯腰，敞露三分之二饱满白皙的胸脯，短到臀围的紧身热裤将下半身的曲线撑持到最完美的L形，女子屏气凝神，杆子一推，清脆的敲击声连珠般响起，女子得意地望着对手，对方也不示弱地准备还击！

绿色灯管照明的吧台，活像一座阴森森的祭坛！一位男子聚精会神地观赏足球转播，其它男客很快地在撞球桌边找到他们的甜心，玩起谈情说爱的游戏！女人们软声细语、巧笑盼兮，个个都是小鸟依人，楚楚可怜，极需男人的呵护与疼爱，与撞球台上的亚马逊女战士判若两人；女子大献媚功，以温柔娇媚与天真的笑容迷惑男人，为的是男人的钱包，在Go-Go Bar的爱情世界里“No Money? No Honey!” 这点乃是双方奉行不悖的铁律。

我在这条街上遇到阿雅，一位二十四岁的美丽女子，她从事这行已整整三年，期间曾一度辞去这份工作，直到年前，因为老板娘的热情邀约才重操旧业。

“没办法！老板需要人帮忙。”她无奈地笑着，好像她的复出，完全是因为人情。

我环顾四下，二十来坪的场子只有两位女子，全场只有我一位客人。

“这份工作的收入如何？”

“不错！足够我生活。”

“为什么一度离开？”

她娇羞地笑着：“两年前我结婚了！决定辞去这份工作。虽然早在我俩认识以前，我就从事这行业，但是，考虑他的感受，我从不陪客人出场，仅止于陪酒，因此，我赚得钱也不如其它姐妹多；他又是公务员，薪水所得是我收入的三分之一，根本不够两人开销。”

“姐妹的出场费用与老板娘对分吗？”

“没有，都是自己的，老板娘只抽酒水钱，客人喝得越多，我们的小费也赚得越多。”

“看起来是很公平的交易。”

明知泰国Go-Go酒吧女子只认Money不认Honey，灯红酒绿中的虚情假意，仍使不少男子流连忘返。

"是呀！在泰国是这样的。"

"社会对待从事你们这般职业的女性，可有歧视？"

"没有！而是尊重我们的选择，佛祖也包容我们的存在，而且，泰国宪法保障我们的职业权。"

"这算不算是鼓励色情行业？"

阿雅笑得很灿烂："这只是一份职业，我只希望生活过得好，没钱连最起码的尊严都没有。"

但是，现在是淡季，生意冷清！空荡荡的场子里只有阿雅与我，阿雅不禁面露忧色："旺季时，我们这里全是小姐，现在只剩下两位。"

她看着我，又恢复一贯的甜美笑容："你要不要来杯啤酒？"

"我酒量不好！"

"啤酒是水，捧个场吧！"

我虽然不愿意拒绝阿雅的苦苦哀求，但是，理智却告诉我："这该是我起身离开的时候了！"

回程中，我不断想起阿雅，因为如她这般的独立女性，在泰国所在多是，她们为了支撑家庭经济，拥有较舒适的生活条件，自愿下海，也因为如此，泰国色情工业从描绘泰国浴女子不堪身世的《奇异秀》，到各式各样的成人秀，种类之繁多、可谓五花八门，规模之庞大、已是无奇不有。为什么笃信佛教的泰国社会，竟容许规模如此之大的色情工业呢？

和尚的尼姑论

我随意闲逛，不知不觉中来到清迈最具特色与代表性的越式地隆寺（Chedi Luang）；这座美轮美奂的建筑精品出自十五世纪工匠之手，工艺之美，令我叹为观止！有的寺庙外观饰以五彩镜片镶嵌的马赛克图案，有的庙宇则以金碧辉煌的木雕板组成，而各庙的门亭楼梯前皆坐落着精致的石龙雕，整座寺庙看起来既高贵又庄严。

然而，如此美妙的寺院里，气氛却显寂寥，除了几只流浪狗对我狂吠以外，看不到半点人烟，我驱步前行，发现这间寺庙不仅有庙宇，还有一座宏伟的佛祖祭坛与一间规模不小的佛法学校，学校围墙外挂着一块木牌，上面以日文和英文写着："有缘千里来相会，欢迎与我们交流，我们会多种语文，并乐意回答您所提出的任何问题。"我循着箭头指示的方向看去，一棵大榕树下坐着三位穿橘衣的僧侣与两位外国女子，她俩正吃力地尝试以英法文夹杂的句子问为首的那位高僧："为什么在泰国佛寺中都看不见尼姑？"这也正是我的疑问之一。

年轻博学、相貌堂堂的和尚很诚恳地回答我们三位女性："关于您们

闻名中外的清迈彩绘油纸伞，历史传承久远。

所提出的第一个问题，就实际层面来说，现有修成佛法的男性弟子总共有两百二十七位，而女性弟子仅有八位，而尼姑得在修法达二十年以后，才能够拥有任命女弟子的权力，自然而然女性佛法弟子人数稀少；其次，我认为，佛法戒律对女性而言太过严苛，比如其中三项：住在森林里、远离亲人爱人、独自居住。光这三点，女性就无法忍受！此外，佛祖也曾说过：'假如女性也修佛法，佛教的寿命不会超过一千年。'而如今，因为我们严格遵守印度佛教的传统，佛法得以延续了五千年，并且生生不息。"

"照高僧如此说来，我们的慈济不成了危害佛法延续的罪人？"

"台湾继承缅甸的佛教，男性僧侣可以任命女性弟子，因此女信徒众多。"

"据我所知，缅甸佛教寺院里不少地方都标示着：'禁止女性入内'，并且严采男女分座制。这算不算是对女性的歧视？"

和尚并未回答我的问题，反而顾左右言其它。

"您对佛祖说过的话都不曾质疑便照单全收吗？"

"好的我才接纳。"

和尚的回答却与他的言行相反，也使我了解到小乘佛教之所以流于偶像崇拜，其最根本原因在于只知道墨守成规、欠缺独立思考的勇气与精神。

永不妥协的OL

泰国上班族妇女中四十一枝花，却仍小姑独处的快乐单身女郎不少。

我在银饰品店里巧遇的朱迪卡与凯萨丽，一人逼近年关四十，另一位马上面临三十关卡，俩人皆仍是小姑独处，面对自己的婚姻，她们不仅一点都没有中国社会里“三十拉警报、四十没人要”的紧张焦虑，还极其乐观地宣称：“我们继续试婚，直到找到Mr. Right为止！”

“你们是试婚族？”

俩人哈哈大笑地回答：“试婚的前提是有爱做基础，不是当下年轻人流行的一夜情，在Pub跳几个钟头的舞，彼此看对了眼便上了！太开放！”她俩的语气像判官似的斩钉截铁。

朱迪卡与凯萨丽认为泰国女性开放、活泼、努力工作、勤俭持家，是非常好的妻子人选，但在两性平权方面，她俩这么表示：“男女几乎各方面都平等，除了家事。男人一回到家里，便翘起二郎腿，摊开报纸、看电视、出外找乐子，或者等我们伺候他洗澡、吃饭、上床，女人却需要负担所有的家务：扫地、洗碗、做饭、带孩子！”

泰国上班族妇女中四十一枝花，却仍小姑独处的快乐单身女郎不少。

我在清迈的瓦裸裸传统市集里，竟然找到台湾原住民的竹筒饭，足见饮食文化间的交流，早于祖先时代便已开始。

“那岂不累死？”

“对！所以我们开除这样的男人。”

“你们对丈夫的要求是什么？”

“有钱！了解女性！知道怎么照顾女人。这几点泰国男人都不具备。”

“那怎么办？”

“我们找西方男人。世界这么大！”

赫蒙族小女孩

不管是发达国家或者不发达国家，对于少数民族的利益多是袖手旁观，使得这批稀有族群与其珍贵的人类文化资产，随着社会现代化的脚步而无声无息地消逝。不想坐以待毙的妇女，为了延续自己种族的命脉与保存传统文化，纷纷涌入城市，她们头戴笨重的珠帽，脖子缠绕着成串的银炼，身着传统的服饰，出没于观光客聚集的地方，向过往路人兜售自制的手工艺品。而这些妇女全身上下与现代接轨的地方，只有她们脚上的那双拖鞋，她们却对自己穿着的与众不同毫不引以为意，反而相当自豪：“这代表我们族群！”来自清籁（Chiang Rai）一地的阿卡族妇女骄傲地如是表示。

一位年约五岁的赫蒙族小女孩，背着上学的书包，冒着细雨，陪着弱智且残废的母亲一起餐风宿露在杜苏泰（Doi Suthep）佛寺的阶梯上，过

我在佛寺前巧遇一位赫蒙族小女孩，陪着弱智而残废的母亲一起餐风宿露，仰赖乞讨维生。

泰国少数民族阿卡族（Akha）妇女们，远从清籁长途跋涉至首都曼谷，在外国观光客聚居的卡山路贩卖手工艺品，以挽救全村人民免于饥贫之苦。

往的路人看她长得可爱，都忍不住拿起相机拍照，原本隐身的母亲，总在这时出现，向过往路人索取照相费或是等值的代价，一当游客将钱或原子笔塞在小女孩手中、转身离去以后，母亲立刻取走女孩手中所有，喜不自胜地收藏在胸口的针织包包里，并且一再提醒懵懵懂懂的小女孩：“你要记得，人家要拍你时，就让他们拍，但是拍完照以后，记得要讲：‘十块钱’，记得喔！”小女孩拼命点头。

妇人小心翼翼地取出包包里的十块钱，吩咐小女孩：“你去买点吃的！小心点，不要把钱丢了。”小女孩乖巧地点头应声，不到一刻钟功夫，又抱着一包热腾腾的热狗与奶油饼出现在母亲眼前。母亲狼吞虎咽地嚼着，忘记了她的女儿，小女孩看着母亲手中的食物越来越少，忍不住焦急地大喊起来，母亲这才心不甘情不愿地分一部分食物给女儿，口中还不忘叮咛：“记得，拍照要给钱！”

长颈女子玛楠

我自泰国北部的夜丰颂（Mae Hong Son）小镇，骑着摩托车翻山越岭

有"长颈鹿"别称的克伦族，是泰国少数民族里唯一的母系社会。

了数小时以后，终于抵达传闻中的长颈族村落。村落入口处挂着不准行车进入的告示，并且要求所有的参观者都得付两百五十泰铢的"村庄建设费"，几个小时没如厕的我，赶紧付了入场费，急奔一旁的公共厕所，没想到妇女却拦住我，向我索取三泰铢的厕所使用费："这间厕所属我所有，要另外收钱。"没想到这个遥远的东方村落，思想观念可相当西式，对使用者付费与私有财产制的观念，执行得很彻底；然而现代化经营头脑并未用来改善全村的居住质量。蜿蜒的道路满布泥泞的黄土，小溪流上架着临时搭建的竹板桥，一旦遭逢大雨，村庄生活的艰困不言而喻。

克伦族是泰国少数民族里唯一的母系社会，全村的经济支柱与生儿育女的重担都由女性承担，也正因为如此，古早以前，父母们为了阻止女儿离开村落，或与他族通婚，从女儿五岁开始，便在女孩的脖子、膝盖与脚踝处缠绕金色铜圈，并随着年纪的增长、体型以及身体状态来增减铜圈的数量，而铜圈数越多的女子，便越受族人的尊敬。

五十二岁的玛楠是克伦族（Karen）里的名女子，不仅因她脖子上的铜圈多达十七圈，重量两公斤有余，还因她博学多闻、会说多国语文，因

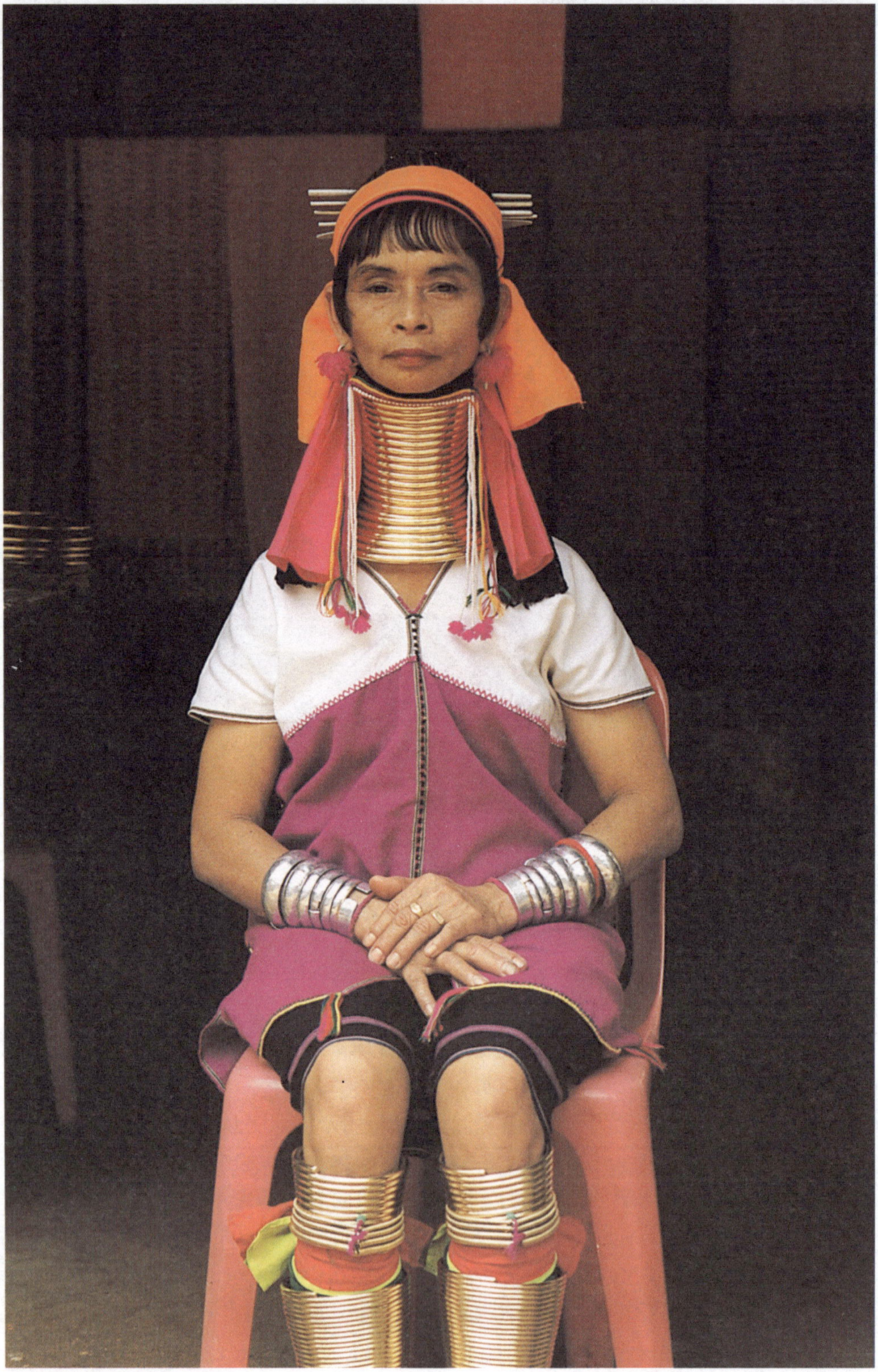

此经常有泰国媒体前来采访她，名声远播以后，不少画家与摄影师还慕名前来、专程请她做模特儿，连日本某家香烟品牌都不远千里找她做封面人物，知名的玛楠却照常过她的日子。

当我找到她的时候，她满嘴槟榔汁，一边弹着吉他、一边哼着山歌，好一副快活自在的模样！但她一听我的来意，便立即放下吉他、吐掉槟榔汁，取出口红、胭脂与梳子，对着镜子，细心地打理自己的容颜。

“十九年前，我因为缅甸内战而被迫离开家园，随着族人辗转来到此地；刚开始，这儿只有五位克伦族，日子非常寂寞；那时候，女儿动不动就塞给我一百两百泰铢，说是外国观光客给的小费，我们一家大小就靠着这些小费收入而存活下来。十多年过去后，村落已聚集了两百四十多位克伦族，虽然我的小费收入急剧减少，却换得许多可以谈心、分享的朋友，现在的我非常快乐，也很满足！”

玛楠告诉我，每家每户按照长颈女性的人口来分配“村庄建设费”，每人每月可得到一千五百泰铢，自从女儿出嫁以后，家里经济开支一大半得仰赖卖纪念品。

“你的先生呢？”

“过世了，三年零六个月以前。他是天生的懒骨头，从不曾工作过，每天只知道躺在床上看电视，那一天，朋友来看他，发现他死在床上，你瞧，他的命有多好！”

“你儿子呢？”

“二十二岁！但从不工作。每天只知道伸手要钱买这买那，或到城里玩耍，真是有其父必有其子。”

玛楠不改幽默本性，马上得意地向我展示她买的电视机：“你瞧！这是我花钱买的，不过是黑白。”她哈哈大笑地说。

为了增加收入，她学习木雕，贩卖自己的木雕作品，并且替村里的女孩戴项圈与摘除铜环，十足能干的玛楠却不以此自傲，反而不断地推崇另一位女性：“前一阵子，韩国电视台来此拍纪录片，随行的是一位高窕美丽的韩国女子，她要求我比照克伦族传统妇女的装扮，在她脖子、膝盖与脚踝处圈上铜环，并且自愿住在我家，吃我们的食物、喝我们的水、打地铺睡竹席，直到离开以前，才请我为她取下铜环，切实体验了克伦族妇女的艰辛，电视台全程录下她在此地两天一夜的生活。”

临别前，玛楠问我要不要也像那位韩国女子一样，也试试看戴铜环的滋味：“长脖子一千泰铢，短脖子五百泰铢，膝盖各五百泰铢，脚踝各一百泰铢。总共两千两百泰铢。”精打细算的玛楠仍不忘做成当天最后一笔

五十二岁的长颈女玛楠，是克伦族里的明星，不但会说多国语言，还成了日本某家香烟品牌的封面人物。

生意，当她知道买卖不成以后，仍不改乐观本性，拾起吉他、嚼着槟榔，继续哼唱起她热爱的山歌。

结语——宁为女人

这一趟旅行中，我不时遇见醉醺醺的泰国男子，他们不是调戏路过的单身女子，就是步伐踉跄地置身于人群里，大声地吆喝着他的女人："为什么不多卖几份炒面？""多卖几包醋糖腌蚕豆？我好有喝酒钱！"蹲坐在人行道上的女人，顶着艳阳、两只裸露的胳膊摊放在大腿上，一言不发地望着她的男人，眼神满是落寞酸楚。

"泰国男人到那儿去了？"这是我这趟旅程中一直出现的疑问！与阿拉伯世界截然相反，泰国到处都看到女人！她们不是在百货公司里Shopping，而是如丹门诺恩•萨笃阿克水上市场中的妇女般，为了谋求一家大小的温饱，使出全身的力气、努力地摇桨，她们辛苦持家的身影和夜夜买醉的泰国男人，形成强烈的对比。

当男人仰赖赌博、买醉、放纵，或者修佛来逃避现世，女人反而乐观快活地过人生，她们面对逆境积极进取的精神，在克伦族的玛楠身上不难得见。而泰国女性务实的人生态度，一方面使得在Go-Go Bar这种声色场所上班的阿雅，面对自己的工作仍可有为有守，不会任由自己因小失大；也使得爱情路上越挫越勇的上班族妇女朱迪卡与凯萨丽，尽管过了适婚年

泰国苏洪泰国家公园的落日余晖。

龄，面对自己的婚姻仍相当理智；另一方面，底层社会的人为了求存，也不能不放弃道德矜持，杜苏泰佛寺阶梯上的赫蒙族小女孩，为了照顾残障弱智的母亲与自己，自小便须学会求生的技能。

尽管阿雅与小女孩母亲的所作所为未必被世俗道德所接纳，但是，笃信小乘佛教的泰国，标榜所谓的个人修行，妓女虽操贱业，却也可藉由修行而得道成佛；此外，小乘佛教也未发展出一如大乘佛教普渡众生的观念，再加上泰国未有欧美国家的社会福利制度，造成各人自扫门前雪，莫管他人瓦上霜的社会现象。

悬殊的贫富差距也逼贫为娼。穷人必须自力救济以帮助自己与家人脱离贫困之境，而庞大的社会财富却只知用来盖庙修庙，任由游民流落街头，依靠乞食度日，这种现象真是印证了马克斯所说：“宗教，是穷人的鸦片。”而这鸦片烟中所见的人间俗世，虽美丽和平，却令我深感虚幻与不安。

我在泰国北部的偏远山区里，发现了中国人的踪迹，他们早在五十多年以前即在此落脚，以采茶酿酒种稻维生。

STORY-11

Israel

圣地的犹太女子

Israel 以色列

对于以色列的女人而言，
生活本身就是一场永无休止的战争！
祖母那代，为了生存而战！
母亲那代，为了保家卫国而战！
到了她这一代，
为了谋求以色列境内的社会正义与真正的平等而战！

我在特拉耶夫美丽的海滩边巧遇这位女士，她正面临人生的难题，一如生活在这块土地上的人民，每大都面对艰难的抉择。

以色列，这块上帝赐与亚伯拉罕与其子孙后代的“奶与蜜之地”，无论对犹太人或者阿拉伯人而言，都是神圣之土，然而，这块圣土上却不断地发生征战，使得人们对它的美好期待幻灭，也使得生活在这块圣土上的子民始终笼罩于战争的阴影之中，若问命运何以如此？追本溯源以色列诞生的历史，不难理解灾祸的起源与两位女子有关……

撒拉与夏甲

根据《创世记》十六章，以色列国家的诞生与一则老蚌生珠的传说有关。撒拉是亚伯拉罕的大老婆，七旬有五，仍未有身孕，于是擅自作主，硬将自己的埃及婢女夏甲送给亚伯拉罕做妾，不久以后，夏甲产下以实玛利。十三年以后，年近九十岁的撒拉竟也受孕，并顺利产下艾萨克，为人母的撒拉再也无法容忍夏甲母子与她分享一切权利，要求亚伯拉罕将夏甲和以实玛利永远驱离家园。流离失所的以实玛利成了阿拉伯人的祖先，而以色列人则为艾萨克的后裔，虽然这两个民族有共同的父亲亚伯拉罕，却为了母亲与上帝赐与亚伯拉罕及其子孙后裔的土地主权之争而结下血海深仇，开启了以色列人与阿拉伯人的世代之争。

从橄榄山山头可俯瞰整个耶路撒冷旧城。

两千年以来流离失所的犹太人，将民族这段颠沛流离的历史，以壁画的方式代代相传，承袭此传统，耶路撒冷旧城区内的犹太人，比照祖先的作法，将历史画在墙壁上。

席勒妃的七根烛台

签证承办人员是位女性，脸上的表情却一如门前的守卫般紧绷，听我说明前往以色列的意图为旅游，并且为了这趟旅程筹备了数年之久以后，她睁大双眼，露出难以致信的表情：“为什么你想前往以色列？”她古怪的表情充分说明了：以色列不是一个观光客垂青的国度，甚至是能免则免之的旅游禁区。尽管如此，她仍非常高兴地发给我签证，并且预祝我旅途愉快！

“为什么你想前往以色列？”我并未回答那位女性的疑问，内心却清楚地知道，这一切皆源自好友席勒妃送我的生日礼物。

尽管席勒妃拥有犹太民族优异的人格特质——节俭、好学、聪明、习于思考，以及显著的高鼻子特征，她的穿着打扮以及言行举止却看不出任何与犹太民族直接相关的蛛丝马迹，我甚至根本忽略她是犹太人的事实，直到我二十五岁生日那晚，席勒妃送我一只七根烛台（Menorah）作为生日礼物，这才揭露了她犹太人的身份。

她告诉我，这只烛台不同于一般，是犹太民族回归故土以及民族团结的象征，每逢犹太安息日（Sabbat），她的母亲便点燃七根蜡烛，每根蜡烛代表一位家族成员与一位小孩，以此传达犹太民族生生不息的意味。

席勒妃的生日礼物以及她的这番话，引起我对犹太民族与以色列这个

The oil press art gallery
33 רחוב היהודים
JEWISH QUARTER RD33
Yael Wolf Portugheis 11.2000
Jerusalem

陌生遥远的国度强烈的好奇心，那晚，我暗自发誓："总有一天，我要踏上这块上帝应许之地。"

特拉耶夫的女司机

我在航厦人员的安排之下，坐进奔驰出租车。虽是奔驰轿车，肮脏凌乱的车内空间却与一般搬运货卡车没有两样！开车的司机是位热情的女性，她一路上不停地向我提问："这是你第几次来以色列？""你是来工作还是来观光？"我有一搭没一搭地回应着，眼光始终关注着窗外景致。

凌晨四点半左右，特拉耶夫市中心街道上仍见人影来去，其中，大部分是青年男女，他们勾肩搭背地从迪斯科舞厅门口出来，转身进入一旁的阿拉伯快餐店，买份Pita饼夹烧肉三明治与可口可乐果腹。

"这时辰，特拉耶夫还是很热闹？！"

"是呀！星期五晚上到周六凌晨是年轻人狂欢的时间，每周这个时段，迪斯科舞厅的生意也最好！不过，比起以前，现在的生意差多了！"

女司机告诉我，两年前的一个周末，海边的一家迪斯科舞厅发生爆炸案，炸死了十几位青年男女。"没想到迪斯科舞厅也会成为自杀炸弹攻击的目标，那些小男孩小女孩做了什么，换得这些恐怖份子如此对待？"

随即，她指着路旁的一家咖啡馆说："你瞧见这家咖啡馆没有？前一阵子，一位男子身系炸弹在此引爆，当场杀死了两名客人，还将咖啡馆的屋顶炸出一个大洞，经过几个月的整修，咖啡馆才重新营业。"

我仔细观看迪忍戈夫广场与罗提契德大道两旁的白色水泥建筑，这些风格简约的建筑物落成于一九三〇至一九四八年间，因承袭了一九二〇年代德国的"包豪斯"实验风格而闻名于世。如今，历经种种因素的摧残，建物的外观不仅肮脏老旧，其中不少建物还只剩断壁残骸，街景苍凉得令人怵目惊心。

"整日生活在恐怖主义与战争的阴影里，你不害怕吗？"

"没办法，生活总得继续。"女司机叹了一口气，眼睛张望着街道上稀疏的人群，期望在我下车以后，很快地找到下一位乘客……

圣方济会女教士在耶路撒冷祷告。

来自世界各地的女性基督教徒齐聚耶路撒冷，只为了一个目的：亲自走一趟"十字架苦路"，由山园祈祷开始，到比拉多衙门，直至加尔瓦略山上受难，一边走，一边默想耶稣所受的凌辱和痛苦。

耶路撒冷不少地方都挂着红、白、黑、绿、黄的五色旗，代表巴勒斯坦。

海法的拉雪儿

旅馆的老板娘拉雪儿热情地招待我喝杯俄罗斯奶茶，并且十分得意地向我展示她自中国买回来的茶具，一如以色列大部分的犹太人，拉雪儿的父母都远从他乡而来，拉雪儿父亲原籍波兰，第二次世界大战期间，他的第一任妻子与一对儿女皆死于集中营，四十岁那年，父亲再婚，与新婚的妻子来到意大利难民营，她就是在难民营里出生的，八个月大的时候，父

亚美尼亚教徒的晨祷。

母带着襁褓中的她来到以色列。

“犹太人的名字都与死去的亲人有关。我的名字与死去的外婆相同，而妹妹的名字则承袭了父亲死去的妹妹。”

“为什么给你取个死人的名字？”

“我的外婆与亲友全都死于纳粹集中营，母亲是整个家族里唯一存活下来的，也因为如此，她特地为我取这个名字，代表家族生生不息。”

一九六七年六月五日，她二十岁，“六日战争”爆发，夺走了男友的性命，这是她第一次由衷地感到战争的可恨与可悲。

“沉默寡言的母亲从来不曾对我与妹妹提及发生在纳粹集中营里的任何事，然而，母亲的表情总是充满了哀伤，直到二十五岁那年，我无意间发现母亲背上有个枪口般大而深的洞口。”

拉雪儿三十岁那年，七十一岁的父亲患了健忘症，一向刚强自制的父亲变得像孩子般脆弱；某天，他突然抱着家里的祖谱，大声地对母亲叫嚷着：“小心！德国人发现我们了，不要带孩子来这里。”

海法的巴哈伊教，以倡导男女平权的思想，自由包容的信仰而吸引了世界各地的人士。

尽管拉雪儿不断向父亲解释：“这里是海法，不是波兰。”他却双手紧抱着祖谱，一脸茫然的表情。

尽管拉雪儿的人生经历了无数因战争带来的创痛，她却寄望于和平：“我受够了战争！战争只会使我们失去所爱，我们必须找出阿拉伯人与以色列人能够和平共存的解决办法。”

我在特拉耶夫的海滩上遇见这位以色列女子，就算身受残疾之苦，也要尽情地享受人生，一如女司机临别前告诉我的那句话：“没办法，生活总得继续。”

话至嘴间，拉雪儿的阿拉伯友人穿着新装前来探访，她热情地与好友寒暄一番以后，针对她的这身打扮开始评头论足起来，双手还不时地调整上衣的胸围部分，试图将女友丰满的胸部显现得更立体有型。

“我以前是开服装店的，嫁人以后，为了照顾小孩，才结束服装店，开起旅馆，尽管如此，我对服装的品味依旧锐利。”

“你对此不惋惜吗？”

“我的母亲认为结婚生子才是女人一生最重要的事，工作可有可无！尽管我接受母亲那一代为了孩子而待在家中的观念，但我始终坚持女性必须求知，并且拥有自己的事业，在那个时代，我自认是前卫女性。不过我的女儿却认为我落伍！”

“为什么？”

拉雪儿面露骄傲地说着：“她今年二十四岁，从事律师工作，四处旅行，但不想结婚，更不想生子，每当我唠叨她该嫁人了，她就叫我‘老一代’。”

尽管拉雪儿与女儿对事物的看法多不相同，母女的感情却很亲密：“我们的关系像朋友一样，无话不聊，互相倾诉私密，如此这般的关系在

我与母亲之间绝无可能存在，我与她之间始终有距离……”

拉雪儿与母亲之间的距离，反映出当今以色列社会里，就连犹太人之间，也存在着难以化解的歧见与纷争，部分原因来自这些犹太人始终活在过去，走不出受害者的历史阴霾。

丽塔祖母

若说五十八岁的拉雪儿选择鼓起勇气面对过去，八十二岁的丽塔祖母则选择了永远地逃避：

“太痛苦了！你看看我手指上这道伤痕！当年我为了不让罗马尼亚士兵带走我的弟弟，死命地抱住他的脖子，力气用得过大，勒得他几乎窒息，为了将我俩分开，父亲以利刃在我手指上割了一刀，我这才因疼痛而松开。”

“您还有亲人在那儿吗？”

“只剩下两位。”

二次大战结束以后，丽塔再也没有回过家乡，一想到她的丈夫死在那儿，她就难以抑制她的哀伤：“我先生是医生，有四分之一的犹太血统，当德国纳粹军官带着犹太人名册来医院，指名找我丈夫时，大学时代与他同窗同寝室的好友，竟然第一个出卖他，甚至尝试当场杀了他以邀功。”

尽管友人不仁，丽塔却也在另一名善心友人的帮助之下，才得以顺利地逃出罗马尼亚。

两代犹太女人，五十八岁的拉雪儿鼓起勇气面对过去，八十二岁的丽塔祖母则选择了永远地逃避。

女军人辛格与李欧菈

走在以色列的大街小巷，最常见的街头风景不是犹太会堂，而是身穿军服的女军人，她们当中部分人还荷枪实弹地走在街头，看起来英气焕发，一点也不输给男人阿兵哥；为了对这些女兵的生活有更多的了解，我特地前往位于海法山上的军营宿舍，探访驻扎当地的几位女性军人。

她们年仅二十岁，但个个眼神坚毅、思想敏捷、勇气十足，对她们而言，以色列的存在是犹太人的骄傲："自此以后，犹太人不必再遭受被其它民族驱逐或左右的命运，我们拥有土地，是自己的主人，而非政权的受害者。"辛格与室友李欧菈如是表示。

在以色列，女人服兵役的年纪从十八岁开始，为期两年；男性则为期三年。男女都得当兵，没有说不的自由。她俩告诉我："恋爱、大学、事业、婚姻，一切都得等到当兵结束。"

"若是某人执意不肯当兵呢？"

"马上坐牢！"辛格斩钉截铁地回答。

"但是若是有人在当兵前或结束之前完婚呢？"

"部队会尽量缩短她们当兵的时间，让她们有多点时间陪伴家人，男性亦然，可以多点时间养家活口。"

在以色列当兵是给付薪资的，辛格的月薪三百五十谢克尔（七百块人民币），只有一般以色列薪资的十分之一，但是吃住与交通费皆免。

"除了当兵年限以外，男女当兵有何不同的地方吗？"

对于辛格与李欧菈来说，祖母那代，为了生存而战！母亲那代，为了保家卫国而战！到了她这一代，为了谋求以色列境内的社会正义与真正的平等而战！

“如果女性被评鉴为战士等级，得到西岸或加萨走廊执勤，她可以拒绝，要求被委派到较平静的地区；男性则完全没有选择的自由。”

辛格指了指她制服肩膀上的“弯月月桂叶盾牌”军徽：“你看到我肩膀上的徽章吗？以色列的兵种种类繁多，不同的军种从事不同的工作，所戴的贝雷帽的颜色以及肩徽标志也不相同，薪资也不相同，我的军徽的弯刀象征自卫，月桂叶代表和平，军帽为绿色。”

根据辛格的解释，以色列的军队大致上区分为作战兵、先锋兵与青年兵。作战兵得到西岸、加萨走廊这样危险的地方执勤；先锋兵留在内地，帮忙维护社会治安；青年兵从事照顾老弱妇孺以及孤儿等社会福利工作，而辛格与李欧菈皆属于最后一类。

对于辛格与李欧菈来说，祖母那代，为了生存而战！母亲那代，为了保家卫国而战！到了她这一代，为了谋求以色列境内的社会正义与真正的平等而战！

“我们希望以色列政府将更多的钱投入教育，为了自卫，我们的政府投入过度的预算来养军队、研发及购买武器，这使我们没有足够的钱培养国家下一代栋梁，如果我们的政府更重视教育，以色列会产生更多的精英份子，这对国家的未来十分重要，你知道，犹太人之所以比其它民族优秀的原因不在于他们天生比较聪明，而是犹太人有重视教育的传统，这使得犹太民族不同于一般，但是……”李欧菈叹了口气继续告诉我：“在美国，只要你勤奋工作，你就可以拥有较好的生活，但是在以色列，就算我们再怎么努力工作，我们也赚不到足够的钱；我的父亲在此算是高收入群体，他每年要缴交百分之六十的税给政府，一般生活花费也要缴交至少百分之十六以上不等的消费税，如此高昂的税制，让以色列人的生活变得非常辛苦。”

但谈起花费两年的青春岁月当兵这事，她俩却异口同声地认为值得！异常聪敏的李欧菈表达了她这两年军旅生涯的心得：“两年的军中生活使我对政府的所思所想与所作所为有更多的理解，也帮助我于日后以更人性化的思维与做法，面对个人与国家的困境，我希望活得真正像个‘人’！”

男女有别的哭墙

我马不停蹄地赶在周四晚上以前抵达耶路撒冷的旧城（Old City），每逢周五，所有进出旧城的交通工具都停摆，商店也关门大吉，整座城内除了宗教活动以外，一片死寂，如此的状况一直持续至周六日落以后才结束。

哭墙自二十世纪开始，采男女分隔制，女性占据着三分之一的墙面。

第二日的下午，我于太阳下山以前，赴往哭墙参加犹太人的安息日。

犹太男信徒祷告时的虔诚，由肢体语言可见一斑。

תרומת "רקמה טובה" ב"ב
ATED BY TOVA EMBROIDERY

耶路撒冷旧城区夜景。

在耶路撒冷旧城的伊斯兰教徒区内，女子全数戴头巾，不过，头巾的颜色五颜六色，相较其它中东伊斯兰教国家的一片黑，看起来活泼许多。

披挂着白色流苏方巾的犹太男子们，在哭墙前祷告。（左图）

一路上，我都遇见戴着滚边毛帽、身穿着黄色束袍上衣、裤脚管塞入鞋内、满脸大胡须，或以别针夹着Kipa小帽的犹太正教教徒，他们个个神色匆忙，远远见到我，立刻低下头，避免与我的眼光接触，并在与我交错的那一刹那，身体以迅雷不及掩耳的速度来个S形转弯避开我，以免因不小心碰触到我的身体而触犯宗教禁忌。

不少教徒身旁有妻子同行，这些妇女都穿着长及脚踝的黑色长裙与宽松的黑色长大衣，服装上不见任何图案或花纹，头上系着一条黑色的头巾，并且小心翼翼地不让一丁点儿发丝外露，她们的神情肃穆，有如守丧已久的寡妇般，让人感觉不到一点儿生命的热情。

从高高的阶梯往下看去，广场上黑压压一片人潮，都是正在进行祈祷的男女信徒，我步入祷告区内，却发现我的出现引来所有犹太男性教徒的不悦，他们见我如见瘟疫般，立刻作鸟兽散，直到其中一人突然像发了蛊般，两手拼命挥舞，对我大吼着：“这是禁区。”另一名男子才冷冷地告诉我：“你属于那一边。”

我来到专属于女性的区域以后，发现女性被分配到的空间，相较于男信徒而言，不到二分之一，而信徒的人数也少了许多；当这些女信徒颂念经文的时候，神态从容平和，既没有男信徒不停地前后摇摆身子的激烈动作，摇头晃脑的幅度也远不及男性激烈，虽也偶见女性抚摸着哭墙，不断祷告哭泣的景象，但却没有男信徒般歇斯底里地以头撞墙、大声哭喊的举止，整体而言，她们的祷告是在温和的气氛下完成。

尽管如此，这些女性脸上永恒的哀伤却深深地吸引着我，为了更了解这些犹太女子，我决定冒险走访一趟犹太教极端份子聚居的百门村（Mea Shearim）一探究竟。

百门村的马莎

离耶路撒冷的旧城区约二十来分钟的步程，随即进入百门村小区。这群波兰籍的犹太人自一八七五年起定居此地，是第二批来以色列的犹太移民，原本家境十分良好，但自移民此地以后，每况愈下，并因祖籍不同，区分为夏西丁姆（Chassidim）以及米特纳格丁姆（Mitnagdim）两派，彼此之间冲突不断。

他们不仅内斗，对外也不承认以色列的存在，男女皆拒服兵役，因为这些信徒深信只有上帝派来的弥赛亚，才有资格带领犹太人建国，而现在的政府不是神意指派的，因此任何为此政权而发动的战争行为，都是触犯上帝的旨意。

我沿着西法泰以色列路前行，越往里走，街景越是凄凉，这里不仅人迹罕至，街道两旁的水泥建筑，个个看来都像临时搭建的。灰墙上四处挂着广告牌，以醒目的黑色与红色粗体字，警告进出此地的女士们要尊重这里的居民，遵守犹太正教的服装规定：“不要穿过紧的衣服与短袖出现在此地，不要穿长裤，不要……”我的眼光略过这些“妇德广告牌”，却瞥见不少建筑物外围筑有高墙，某些高墙上还加装一圈又一圈的铁丝网，将小区层层包围，看起来犹如一座纳粹集中营，真叫我怵目惊心。

废墟前几位小男孩正玩着躲猫猫，远远地看到我的到来，立即一溜烟儿地往小巷里钻，我尾随着男孩们的足迹，来到一座水泥操场，一群男孩们集聚于此，我还没明白发生什么事，这些男孩们已经发出惊恐的尖叫！

他们不断地朝我吐口水，并集体发出“哄”、“哄”的驱逐声，一位男孩不知从那找来一根铁条，正准备朝我的头顶扔来时，身旁的同伴轻轻地以手肘触碰他，做出“不要”的恳求，男孩面露犹豫，却始终不肯放下铁条，成年男子于此时出现，一面莫可奈何地以手示意我赶紧离开，一面忙着平息这群孩子的愤怒。

百门村的小男孩一看到我，便立即发出惊恐的叫声，并纷纷以手捂面。

离开操场以后，我原准备从小巷往大马路方向走去，却禁不住好奇地往这栋水泥建筑物的窗口里望，想看看这儿究竟是什么样的地方，却从布帘的缝隙间瞥见一群披挂着白色流苏方巾的成年男子，额头正中央与臂膀上系着一只方形小盒子塔非林（Tefillin），里面盛装着《犹太律法书》（Torah）部分篇章，并以黑色带子自手掌心一圈又一圈缠绕、直至臂膀上部。我终于明白此处为一所叶喜发（Yeshivat）——正统犹太教学校，专门从事犹太民族文化、宗教与道德教育的工作，但这些男学生年纪皆已不小，却仍在此就读，难道此地的男子皆不用工作养活自己吗？我终于在此区找到愿意解答我疑问的犹太妇女马莎。

马莎告诉我："此地的男子直到三十岁以前，都得专心一致地研读犹太教的口传律法集《塔木德》，以及《二十四书》。"

"难道他们也是三十岁以后才成家吗？"

"当然不是，依照犹太教的习俗，婚姻是宗教上的义务，未婚的男人是不完全的男人；而女性则必须在二十岁左右成婚。"

也因为如此，直到男人三十岁以前，家庭开支全交由妻子负责，而这些女性不但得做牛做马供家中男人读书，一年到头还得忍受不断地怀孕和生产之苦，因为根据教义，每位女子得生十五至三十个孩子，如此这般的婚姻关系才算"正常"。

现年五十多岁的马莎，就是这样如此这般认命的女子，她熬到丈夫三十岁毕业，并且耐心地等到丈夫在教区找到一份收入微薄的工作。

"但是犹太女人为什么需要遮掩头发？"

"依据犹太法律对已婚女性最基本的谦逊要求，就是遮掩她的头发，因为许久以来，犹太教贤达们认为女性的头发具有性诱惑力，因此要求女性遮掩；若是女性不确实遵守戒律，丈夫可以无条件地休妻。"

而百门村的妇女不仅头戴黑巾，不少妇女还削去所有的头发，以假发与帽子遮掩裸露的头部。

"全身上下穿戴黑衣也是犹太律法的规定吗？"

"这倒不是，这出自我自己的选择，我认为女人结婚以后，不应该再去吸引其它的男人，试想已婚女人穿着大红大紫的衣裳到处招摇，这像话吗！"

马莎告诉我，从结婚的第一天开始，她就遵守犹太法律中一切对于女性的规定，包括女性不得读《犹太律法书》(Torah)，只能读以意第绪语写成的《话语集》(Book of Discourses)，女子不得进叶喜发学校，必须时时刻刻保有谦逊、智慧，并勤勉持家。

根据犹太极端教义，每位女子得生出十五至三十个孩子，如此这般的婚姻关系才算"正常"，所以，大肚子女人成为此社会里的女人最普遍且最受欢迎的形象。

"有哪些是犹太教要求妇女必须具备的美德呢？"

"结婚当天，新娘会收到一只'新娘的小箱'，小箱子内标示着犹太女子必有的三项义务：准备白面包卷时，懂得适当地分出一部分给教会使用；月经结束时，要进行宗教仪式的净身沐浴；于犹太安息日和一般节庆

1/2 שעה
פספורט
PASSPORT
סטודיו
אירועים
עיסקיות ופרטיות
תמונות ישנות

时，家庭主妇要点燃蜡烛，并且不让烛火熄灭。”

离开百门村以前，我问了马莎最后一个问题：“以色列非教徒社会里，平均每三对夫妇里就有一对二以离婚收场？这里呢？”

答案竟出乎我的意料之外：“因为小区里的女性得出外工作养家，见了世面以后，思考不同于以往，越来越多的家庭以离婚收场！”

《犹太律法书》就是女性

“为什么女子不能研读《犹太律法书》，无法成为犹太教法学导师拉比呢？”当我向一位拉比请教这个问题时，竟得到如此奇妙的回答：

“在人生里，男女各自承担着不同的责任与义务，此外，我们称研读犹太教法律的女性为摩拉，而拉比是专属于男性的字词。”

但是当我问及拉比与摩拉之间有何不同时，他却告诉我，拉比是唯一有权利可以做出宗教仲裁的人！紧接着他却又举出《犹太律法书》里记载的一位聪明女性的例子：“布勒伊雅的智慧远超过同时代的男性，但她不能从事公众的判决，而那个时代的男性，却听从布勒伊雅，以她的决定为决定，尽管最终的裁判是由他们说出口的。”

拉比更进一步告诉我：“犹太男子得照顾家庭、尊重妻子、不得强迫妻子行房，此外，因女性经期的缘故，每月有二十天的时间，男女不得同房。”

至于男性为什么要研读《犹太律法书》，女性却不需要？拉比回答我：“男性是好战、凶暴与侵略性强的动物，研读律法得以将男子的斗性从杀戮战场转移至辩论桌上、在思想上互相较劲，因此研读《犹太律法书》的过程一点也不和平！而女子天性爱好和平，不研读《犹太律法书》，也能理解其中的精华，因为《犹太律法书》就是女性本身，女性所有的智慧都蕴藏其间。”

结语——宗教女子与世俗女子

犹太教徒面对着哭墙，围绕着收藏着犹太经典的巴密芝瓦（Bar Mitzvah）——大经筒颂经，并为十三岁男孩举行成年仪式。

这趟圣地之旅使我对以色列境内女性复杂的现况有了真实的了解。以色列的犹太女性因为年龄、祖籍与居住地点的不同而有所不同，如住在特拉耶夫的出租车女司机与住在海法的拉雪儿，对于犹太人与阿拉伯人之间是否能否和平相处的问题，因居住环境而有不一样的答案；而历经纳粹恐怖主义劫后余生的八十二岁老祖母丽塔、二十岁的女军人辛格与李欧菈，

特拉耶夫的小女孩。

小女孩站在铁丝网后的表情却使我惊恐，犹如我目击纳粹党将她送进集中营，而母亲手中的鱼，却让我联想起基督教以鱼作为救赎的象征，因此，我将此张命名为《救赎》，不仅是历史的，也是宗教层面的。

以及拉雪儿二十四岁的律师女儿，对人生的期望也不同；然而，真正泾渭分明地划分了以色列社会的关键因素却是宗教，如住在耶路撒冷旧城区犹太村内的犹太女性与百门村的马莎，这些宗教女子与世俗女子之间的分野，从衣着与言行举止上即见不同。如今，这个承袭了四千年犹太传统、不愿改变一丝一毫的古老宗教，在以色列社会里不再是全部，犹太女子有了不一样的选择与可能；当今的以色列社会里四处可见洗衣、买菜、烧饭、做家事、带小孩的犹太男人，越来越多的犹太男人乐于与女人共同承担与分享责任，并且完全接受女人与男人平权的事实，但这些观念与做法，在严守犹太教教义的宗教小区里，似乎还遥遥无期。

我在耶路撒冷遇到这位小女孩，她在家长的意志下戴起头巾，
头巾的样式使得小女孩看起来像是圣母玛利亚或上帝的新娘。

Singapore

STORY-12

Singapore

政治与女人无关

新加坡

虽然新加坡社会里，至今仍由男性撑起一半以上的天地，但是狮城女子似乎越来越勇于表现与追求她们希冀的生活方式，这包括了对独身、结婚或离婚，已婚生子或未婚生子，同性恋还是异性恋的多样选择。

从一节地铁车厢里，便可窥见新加坡丰富多元的种族面貌。

虽然因工作而往返新加坡数趟，我对新加坡的理解仍旧肤浅，若非因两次机缘，促使我对新加坡有了不同层面的认识，我对它的印象仍停留在闻名于世的美食魅力、一尘不染的街道，以及执法严格的社会上。

与珍的邂逅

多年前尚在美国念书的小妹，有次嘟囔着抱怨："虽然都是华人，来自新加坡的女同学却因为英文非常流利，有点瞧不起我们这些母语不是英文的华人。"然而，当我在泰国旅游期间，却巧遇一位打扮朴素、举止谈吐都极为谦恭有礼的新加坡女子——珍："这是我第一次旅行。"她有点腼腆地宣告她旅游经验的不足，然而，首度旅行的她，就决定单身出游，并且来到骚动的泰国北部金三角，实在勇气可佳！当晚，我俩在旅馆的房门再次巧遇，这才发现原来彼此还下榻于同一所民宿，在进一步深聊的过程中，她告诉了我一个惊人的事实：

虽然新加坡妇女受教育的程度普遍不低，并且多享有经济独立，但是家暴问题却相当严重，并且越是高级知识分子，发生家暴的机会比例也越高。与珍的这席交谈，使我回想起今年的妇女节那天，当法国妇女欢庆这个属于她们的节日时，法国第二台的晚间新闻，报导了一个令所有妇女闻之色变的消息："每四名法国女子中便有一人死于家暴，并且法国十分之一的女性在十九岁以前，已有遭受男性暴力的经历。"虽然新闻报导依据的是公元两千年的统计调查，但是比例之高已令人咋舌！尤其法国社会以注重生活质量以及文化休闲活动而引以自豪，但是，很显然的，文化修养与知识水平并未帮助法国男性选择以其它的方式解决他与伴侣之间的问题；同样的，在国际化程度极深、种族与宗教多元、着重包容与平等的新加坡社会，女性似乎也面临了同样的危机。

SCWO的三大挑战

一进入新加坡市区，立即可以感受到新加坡的多采多姿，这不仅显现于当地人的生活方式：贯串中国、印度、马来西亚、欧洲与其它各国移民的美食拼盘，不同民族的传统服饰、生活习俗、语言文字、宗教信仰；同时也表现在这个城市的文化肌理：新旧并陈的建筑，传统与现代并存的生活方式，尊重文化历史传承的民间博物馆。

此外，新加坡的种族聚落里始终掺杂着其它的族群，完全不同于纽约不同种族间的壁垒分明——在纽约，我便曾因不小心误入邻街的西班牙聚落，而差点死于非命！但是在这里，我可在华人聚居的中国城内，发现印度与回教寺庙；同样的，在小印度城（Little India）中，也有条街道都

《新加坡女性组织委员会》外墙上一系列五彩缤纷、复杂多变的女性主题壁画。

是华人经营的五金电器行；而马来聚落与土生华人聚落间，也仅有一街之隔；每到用餐时间，标示着回教许可证的熟食铺前，便挤满了华人、马来人、印度尼西亚人，空气里也飘浮了奇妙的辛辣香草味，种种的迹象都呈现出狮城里不同的种族间和平共存、多元文化彼此交融的事实。

新加坡女性组织委员会（SCWO）位于集聚了华人寺庙观音堂、印度克里希纳兴都庙，雕塑园、新加坡美术馆、戏曲学校以及艺文表演活动的滑铁卢街（Waterloo Street），这条街道上的每栋建筑风格各具特色、用色也极大胆，让我深深感受到新加坡人的创意、活力与热情！同样的特质也反映于新加坡女性组织委员会外墙上一系列五彩缤纷、复杂多变的女性主题壁画。

该组织的负责人之一雪莉告诉我，新加坡女性组织委员会成立于一九八〇年三月，当时有四十七位个人会员与七个组织会员，发展至今，有十五万名妇女曾参与我们举办的各项活动，“新加坡女性组织委员会”与国内其它不同的妇女组织和妇运团体积极地合作，共同致力于改善不同年龄、不同职业的新加坡妇女所面临的各种难题。

我问及雪莉那三项工作是她们当前最紧要的，她回答我：“从政女性数量的大幅提升，年老女性的经济独立与幸福生活以及家暴问题。”

雪莉的回答使我想起日前看到的一部新加坡电影——邱金海的《伴我心》(Be With Me)，中也浓淡不一地描绘出新加坡社会的家庭暴力、女同志恋情以及独居残障妇女生活的问题。

"针对这三项目标，你们提供了什么样的对策吗？"

"我们为家暴受害女性成立了星星庇护所，提供短暂的保护与协助，并且保护对象无分种族、语言或宗教信仰。我们也为退休妇女与家庭主妇设立了因特网服务中心，让她们摆脱计算机文盲的生活，并且训练那些因不懂计算机而被迫削减工时的女工，以提升她们的职场竞争力。我们还设立了FA CHUA图书馆和八间从九平方米到八十八平方米不等面积的美丽的乡巴佬教育与训练中心，供各界人士租用。"

"一直以来，新加坡妇女欠缺从政的兴趣，这究竟是什么原因？"

"不知道！"雪莉思索了半晌，好不容易做出这个结论。

事实上，新加坡不仅在政治界缺乏女性领导者，行政与管理部门的女性比例相较于男性，也明显过度的偏低。直到一九八四年，新加坡国会才首次突破十四年来国会无女性的传统，虽然仅有三位女性获选进驻国会，参与立法、通过政府预算、质询施政与反应民意，但是毕竟聊胜于无！到了二〇〇四年，获选女性议员增长为十位，另五位女性则通过保障名额进入国会，虽然总数大幅提升，但是相较于总数九十四位的国会席次，比例仅占百分之十六，并且新加坡至那时仍未有女性内阁部长，仅有两位女性国务大臣与一位女性市长，而二〇〇二年至二〇〇四年间，也仅有一位国会女性代表发言人。

新加坡女性缺乏参政的兴趣的原因并非能力不够，当地男女受高等教育的比例明显均等，但是基于根深蒂固的社会与文化传统，女性的主战场始终被认定为家庭；另一方面，新加坡女性得负起家庭与事业两头烧的双重责任，对于一般的职业妇女而言，能够在事业与养育儿女间保持平衡已经是一件相当不容易的事，更何况是从事艰巨而庞杂的政治事业！要做好这份工作得拥有旺盛的精力、家人的承诺、谅解与牺牲，很少有男性乐于让自己的伴侣从事这份工作的。

我与雪莉的这番交谈在一连串的"不知道"、"不清楚"声中结束，虽然雪莉并未能够解答我心中的困惑，但是却使我认识到新加坡妇女最关心的三件事，看来，想要揭开心中的谜团，非得寻访不同的族群，深入了解不同的社会传统、生活型态与文化差异……

苦力的烟花之梦

我来到华人集聚的牛车水，这个有趣的名字源自二十世纪初期来此的华人，他们见到街道上来来往往的牛车载水景象，便称当地为牛车水，久而久之，大家都以此名称呼，原有的名字反而被人淡忘。

虽然当今的新加坡，华人总数已高达百分之七十七，成为当地最具有

影响力的族群，但是，早在一八一九年，英人莱佛士爵士发现这个只有几百位居民的小渔村之前，当地还不见华人的踪影。若不是莱佛士爵士看出它得天独厚的地理条件与发展潜力，以三万西班牙币的代价，从柔佛王手中买下这个岛屿，并以此地作为英国进驻东南亚的贸易与军事据点，就不会产生华人移民社会的盛况，更不会有新加坡的南洋姐、牛车水的妈姐与三水婆的传奇流传至今，而南洋姐、妈姐与三水婆，又与华人苦力之间有着密不可分的关系。

印度人膜拜女神的传统，从他们的寺庙建筑可见一斑。

随着欧洲殖民主义迅速地扩张，新加坡这个小岛也随之繁荣起来，对劳工的需求日增，但是，自英国于一八三三年废除奴隶制度以来，造成无人做工的景况，殖民者与当地的富豪士绅只得转往亚洲购买“猪仔”（当地人对苦力的贬抑称呼），以填补劳力市场的不足。

到了一八七〇年间，已有四十万的中国苦力远渡重洋来此，当中不少人签的是一纸“卖身契”。他们多落脚于宝塔街（Pagoda Street），使得整条街充斥着“猪仔馆”，十几人挤在暗不见天日的楼板间里，过着苦不堪言的生活，日复一日，年复一年，意志不坚的苦力，很快便学会从鸦片烟、赌博与妓女怀抱里寻找慰藉。

当时的苦力在开工前都有抽口鸦片烟提神的习惯，而低级鸦片馆为了生意更加兴隆，往往不关门营业，好让苦力们可以瞧见馆内年轻貌美的烟花姑娘，有些男子因贪图美色而在不知不觉间染上烟瘾，自此以后，他们将辛苦挣来的血汗钱尽数换成一口口鸦片烟，直到他们连最后一滴生命都耗竭在鸦片床铺上。

当他们生命垂危时，便被搬到距离宝塔街不远处的硕莪巷（Sago Lane）。巷道的两侧布满了殡仪馆与专门制作纸扎祭礼用品的纸品店，而殡仪馆的楼上则是专门收容垂死者的死人屋（Dead House），因气氛阴森诡异而被当地华人称为死人街，不少的华人苦力都在此含恨而终；令人嘲讽的是，与死人街比邻而居的就是史必灵路与万达街，这些前来寻欢作乐的客人，必须在生死关前来回数趟，才能解决他们的肉体饥渴，不知是何种滋味呀？

妈姐与三水婆

几经辗转，我终于找到新加坡第一位本土摄影师叶畅芬先生的后人叶文先生。叶文先生将父亲生前所拍摄的牛车水系列照，一张张拿起来仔细端详，尊崇的姿态与聚精会神的态度，宛如他手中捧着一只易碎的稀世珍宝，他不疾不徐地告诉我："一九八九年九月十六日凌晨，当父亲刚刚从中国花园拍完提灯节的照片、准备搭乘地铁回家时，在站台上，为了捕捉某个影像，不慎掉落铁道，被随之抵达的电车碾过，死前，他的手里还紧握着他那台心爱的相机。"

虽然叶畅芬先生的音容不再，世人却通过他生前所拍摄的一系列以牛车水为背景的照片，得以了解二十世纪的牛车水近百年来的历史变迁。我也是在他影像的引领之下，才得以分毫不差地目睹当年的一草一木一人一物，我从中瞥见了一对年过半百的妇女，站着的那位老妇为坐着的老妇细心地梳理头发，互相照顾、彼此关怀的模样，让我好生感动。

"她们是姐妹吗？这么亲！"一旁专心地将父亲的照片整理分类，准备送到国家图书馆展出的叶文先生，这才抬起头来："那是妈姐，有妈妈的姐姐之意。"

妈姐的出现却是一九三〇年、英国殖民政府严厉禁止妓女营业以后。此地男子一度无妓可嫖，男女比例严重失衡，达到四对一，逼使英殖民政府不得不再次开放女人来此，而这次如潮水般涌入的，不再是天草和岛原两地的日本姑娘，而是广东女子。她们当中，部分人选择从事挑砖、运泥的粗活，头戴鲜艳的红头巾，挑着扁担、畚箕，不分日月晨昏地工作，辛苦的程度不亚于苦力，因大多来自三水镇，故被当地人称为三水婆。

而不愿意做粗活的女子，也有另两条出路，一是当妈姐，另一种则流落到蓝三角（恭锡路、尼路与若泉路形成的三角地带）的工舍间附设的娱乐社里工作。身为妈姐的女子们为了与这些女子有所区隔，总是一袭白衫黑裤的素雅装扮，并将长发梳成清爽的髻，她们以自梳表示终生不嫁、永远效忠她的主子。这原是自动自发的行为，最后却演变成雇主要求对方

"梳头"以明志，因此"梳头"成为雇主与妈姐间无言的承诺 ："你照顾我的子女，我也会照顾你一辈子"。而一生不婚的妈姐多会寻觅另一位妈姐做伴，互相照顾，要好的姐妹淘组合多是一人阳刚，另一人阴柔，照片中见到的这对妈姐给我的感觉正是如此。

妈姐的待遇虽高、逢年过节还有额外的红包进帐，但是工作烦琐劳累，不是十八般武艺样样俱全，并且体力过人，还真做不来！或许因为如此，并不是所有自梳明志的妈姐都乐于担任家里的一脚踢（料理全部的家务），时日一久，妈姐逐渐变了调，演变出另一种类型。

她们不再是打住家工的一脚踢，而是在夜夜笙歌的公馆里做老板娘，收养几个贫苦人家的女儿，从小教她们唱歌、弹琵琶，养大以后好做"琵琶仔"，靠着出卖色相与歌艺来回馈她们的养育之恩；其中也有些妈姐专门伺候这些美貌如花的"琵琶仔"，成了她们的私人女佣。

不过，最引起我好奇的仍是那群被广东三水镇女子取而代之的南洋姐，自从一九二〇年废娼以后，她们的下落如何？我向叶先生请教这个难题，不抱任何希望的我，竟然得到意外的惊喜。叶先生带领我一路来到地铁站杨厝港（Yio Chu Kang）附近的日本墓园，在一堆蔓草间，他指着数百座石碑告诉我："这就是她们为国效忠的下场！直到她们死后，日本政府仍拒绝接受她们的遗体，只好将她们的尸骨合葬于此。"

难怪这些石碑都背对故乡，数百条性命，就死得这么无声无息！我仔细端详这些石碑，发现连碑面上都未刻有姓名，有如一群荒郊野外的孤魂野鬼般，让我看了好生凄凉，若是这群日夜盼望返乡的南洋姐地下有知，也会含恨于九泉之下吧？

小印度城的卡拉法蒂与卡蒂卡

在狮城漫步，处处都是奇迹！一个转角，便进入另一个国度，一扇门便开启另一个世界。如此这般奇妙的体验，到了小印度城里，更是俯拾皆是。虽然新加坡已经是一个极度现代化与高科技的社会，小印度城里的印度男女仍热忱地守护着他们的宗教信仰、家族关系、饮食传统与生活习俗。也因为

对卡拉法蒂来说：新加坡意谓着安全与自由！

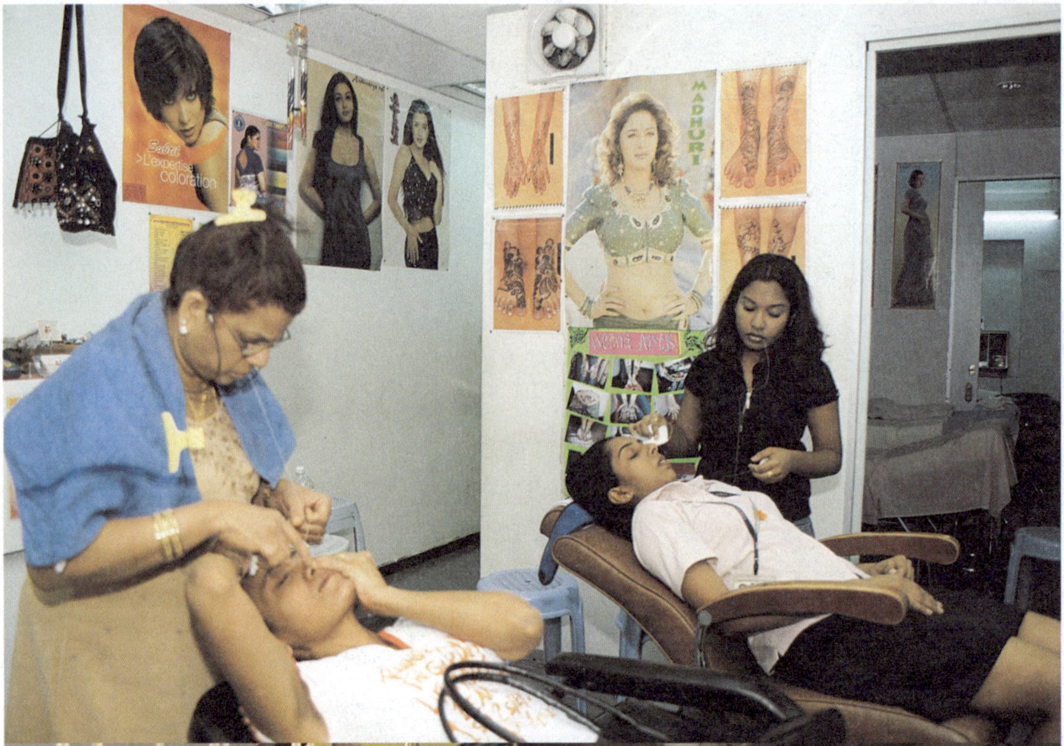
>L'expertise
coloration
MADHURI

如此，我在此地总是看到穿着五颜六色的纱丽女子、手臂上套着沉甸甸的黄金手镯，聚精会神地等候鹦鹉算命师告诉她的爱情与婚姻前途；或出没于印式美容院里，让美容师以一根线来挽面与修眉，以天然的指甲花染料汉纳（Henna）在她的手脚上描绘出美丽复杂的彩绘图腾，或在额头与眉心间粘贴精巧的波图（Pottu）；或是以新鲜的茉莉、金盏菊及玫瑰串成鲜艳夺目的花环，来膜拜她们既敬爱又敬畏的卡里女神。

我便是在专卖纱丽的商店里，与卡拉法蒂和卡蒂卡两位印度女子相遇。两位女子均已婚，而现年二十七岁的卡蒂卡还是新婚，目前不考虑有孩子：“至少等一年时间，看看彼此是否真的合适。”卡蒂卡斩钉截铁地宣告她的决定。

而现年三十岁的卡拉法蒂也是在二十八岁才完婚，并且至今没有小孩，问她是否承受到来自公婆与丈夫的压力，她笑着回答：“在新加坡，不可能发生！我们从大家庭变成小家庭，再加上此地的生活费用高昂，夫妻俩都得拼命工作，才能养活自己，连吵架的时间都抽不出来，那来的时间生孩子？！所以在这里的印度女性，不少都是晚婚或未婚，或者仅生一个小孩。”

“你们夫妻何时才能见到面？”

“睡觉的时候。平日，他七点十五分便得离开家、前往工作地点，我因家住附近，可以睡晚点……”卡拉法蒂说到这儿，有点不好意思“我通常睡到九点二十分才起床，先生早已上班。”

“你怎么协调家事与工作？”

“我先生是百分之百的家庭煮夫。一人全包早晚餐，因为我晚出晚归，而他却早出早归。”

卡拉法蒂并非此地唯一的幸运女郎，卡蒂卡的丈夫也包办了近百分之八十的家务，原因都是“没办法！女人也得工作养家。”

我问两人：“新加坡与印度之间感觉印象最深的不同之处是什么？”

她俩异口同声地说：“安全！自由！”

卡拉法蒂紧接着补充：“我可以每天工作到晚上十点半左右，一个人走回去，却不用担心这里的安全问题，更没有左邻右舍的窃窃私语，以及妯娌公婆不断对你施压，要求你放弃工作，以免让你的丈夫很没面子！”

离开卡拉法蒂与卡蒂卡以后，我不知怎么回想起在印度法拉娜西最大的火葬河坛——马尼卡拉尼卡看到的那场“莎迪”祭典，只是火光中、虔诚的女教徒萨雅这次不再微笑……

印式美容院里，美容师仅以一根线，便可为女子挽面与修眉。

小印度城里，一位妇女正准备采买新鲜的茉莉、金盏菊及玫瑰，串成鲜艳夺目的花环，好膜拜卡里女神。

见不到龙的娘惹

不深入走访新加坡，就无法了解为什么当地存有华人与土生华人（Peranakan Chinese）之别。土生华人泛指早期南洋的华人移民与当地马来土著通婚的后裔，他们所生的子孙若为男性便称为峇峇（Baba），女子称为娘惹（Nyonya）。

十七世纪时，中国闽粤一带的商人，不少都远到南洋经商，将原配留在家乡，为了经商之便，这些商人娶当地的女子为妻，便于回国以后，由他们的异地妻子代为经营与管理在南洋的生意，久而久之，这些女人养成了独当一面、当家作主的性格。这些女子特别喜欢打扮成慈禧太后的模样，在发髻上插一根长长的发钗，做出威严的表情，对下属发号施令，再加上华人丈夫离乡背井，对原本就已经重女轻男、不管女方嫁给谁，男方都得入赘的马来土著社群，难以强加中国传统社会重男轻女的观念，因此更进一步增长了这群娘惹姑娘的气焰。

由女子当家作主的娘惹文化，自然不同于男性掌权的中国文化，这也使得这两个表面上看似雷同的文化，骨子里大不相同！光从这些土生华人日常生活使用的瓷器，凤凰、牡丹、蝙蝠与仙鹤的吉祥图案，处处可见，惟独缺少了龙的图案，便可推想一斑。

而娘惹们的刺绣物品与脚上穿的珠鞋，都出自亲手缝制，镶珠子数量的多寡及刺绣手工质地的高低，直接关系到这名女子可否招来好夫婿，因此早在十二三岁起，娘惹就得将这两门功夫学得精与巧，好提高自己的身价。为了一睹娘惹服的迷人风采，我特意拜访金珠肉粽这一代的负责人林海伦女士，她为我找出藏在箱底的古董，小心翼翼地穿在身上；这件半透明的娘惹服上衣——卡巴雅（Kebaya），完全手工缝制，以缎带与刺绣滚边，且不见一颗钮扣，前襟处完全以金光闪闪的首饰接合，下半身则以印度尼西亚与荷兰进口的蜡染布，做成颇有南洋风味的沙龙裙（Sarong）。

海伦指着上衣部位的公主线告诉我："崇洋的娘惹姑娘们，还喜欢在秀丽典雅的东方服饰里，巧妙地融入西洋风，好刻意强调自己傲人的胸围与纤细的腰身，而一件图案不算太过繁复的卡巴雅，都得花费这些姑娘整整一个月的时间，由此可见做工的考究。"

而海伦脚上穿得那双令我爱不释手的珠鞋，也是双古董！完全以半毫米至一毫米大小、细小如籽的法国玻璃珠与花园石缝制而成；自从生产这两类珠子的法国工厂一九四〇年停产以后，娘惹们只好退而求其次，以捷克与意大利的珠子缝制，但是两国只生产十三号珠，并不生产娘惹最爱用的十五号珠，有些讲究的娘惹们，还特意将旧鞋拆了，保留珠子，重新绣出新花样，而一双完美的珠鞋对娘惹而言，有如无价珍宝，每天都得以胡椒、檀香与香兰叶来保养。

但娘惹文化的独特之处还不仅限于此，连建筑也融入了娘惹风格。为了对此有更深一层的了解，我决意走访土生华人聚居的翡翠山（Orchard Emerald Hill）、丹戎巴葛路（Tanjong Pagar Road）、如切路（Joo Chiat Road）与坤成路（Koon Seng Road）。

它们分别位处三个不同的区域，但是建筑的风格与生活的型态却大同小异。建筑上结合了东西方建筑的特色——地中海式的科斯林式柱子和百叶窗、南洋地区建筑五彩缤纷的用色、墙面与栅栏门柱上，则以中国彩釉砖装饰，彰显出土生华人活泼热情的天性及对装饰艺术的热爱。家家户户入口处半高的栅栏门，也保持了空气的流通，并兼具采光明亮，住起来远较中国的四合院更为宜人，少了龙的庄严拘谨，但多了一份女性柔美活泼气质与丰富变化的娘惹文化，真是令人悠然神往呀！

两位马来女子

参观了不同族群的女性文化以后，我仍旧无法找出造成家暴问题的社会与文化原因，却每每听到如此的回应：“那是马来人的家庭才会发生如此的暴力，我们土生华人或华人的家庭很少发生这种事。”

刚开始这很难使我相信这是事实，我反而觉得这样的话语是严重的种族歧视，但是在听到“曾参杀人”三遍以上以后，也开始有点半信半疑起来。为了真实了解新加坡社会里马来妇女的生活状况，我决心拜访两位在同一所育幼院教学的幼教老师——莎丽法与诺哈希娜，她们两位均为穆斯林，已婚并育有子女。

虽然统称马来人，但是血源却很分歧，四十一岁的莎丽法的祖母来自印度尼西亚爪哇，嫁到此地以后，才成为马来人，但在世世代代

土生华人的建筑上也融入娘惹风格，成为色彩斑斓的东西合璧建筑。

半透明的娘惹服上衣卡巴雅，完全手工缝制，以缎带与刺绣滚边，且不见一颗钮扣。

坚持戴头巾的莎丽法以及遵循戴头巾就是好穆斯林的诺哈希娜。

在此地土生土长的马来人眼中，她是布吉士马来人。

“谈谈头巾问题吧！你是回教徒，但却不戴头巾，为什么？”

“我觉得没必要！而且这得要由我来决定戴与不戴！基本上，戴头巾使我感到不舒适，更重要的是，我的内心抗拒戴头巾就是好穆斯林的说法，很多时候，事实往往是相反。但是，我的母亲与妹妹都戴头巾，我上学的女儿亦然！有一次，我的女儿问我：‘妈，你为什么不戴头巾，同学的妈妈都戴头巾，你让我觉得很不好意思，难道你不能像别人一样吗？’我告诉女儿：‘这得由我来决定！’而直到如今，除了宗教活动、丧礼场合，或对他人表达尊重以外，我不戴头巾。但是，我也不认为头巾是低人一等的象征，在新加坡，穆斯林女人戴头巾往往是为了时尚的理由。”

我转问三十五岁的诺哈希娜，她身穿一件极其贴身的水蓝色上衣，搭配深蓝色的头巾与镶满水钻的镀金别针，看起来优雅大方。“我戴头巾是为了证明我是一位好穆斯林，而我的宗教学校也教育我何为正确适当的穿著，什么是可以，什么不可以。”

我再次问莎丽法：“你不戴头巾的选择，是否为你带来不小的压力？你先生呢？是否会要求你戴上头巾，做个好穆斯林女性。”

“为什么他必须要求我？如果我没有这种心理需求。至于来自社会的压力，我只感受到一点点。”

“对我而言，这属于个人的选择，我的母亲从未要求我戴头巾，这来自我的内心。”诺哈希娜也如是表示。

“当现状与穆斯林教义互相冲突的时候，你们做何选择？”

“身为穆斯林，我得食用经过穆斯林方式特别处理过的肉品，尤其不能吃猪肉。某次，我饿的发慌，举目四望却没有半家悬挂穆斯林招牌的熟食店，唯一一家营业的餐馆只剩下叉烧肉，我当下面临了‘吃？还是不吃？’的难题……”

“那后来呢？”

“吃！我也吃麦当劳的鱼排汉堡，虽然它也没有穆斯林核准的肉品供应执照。”

诺哈希娜仔细地想了又想以后，终于找到一个例子：“在新加坡，戴着头巾想找到一份工作，几乎是不可能的任务，尤其这里是华人主导的社会；连续几次遭受到拒绝以后，我开始考虑，是不是得不戴头巾求职？就在我准备放弃的时候，我找到这份幼教老师的工作。”

“谈谈家庭暴力问题吧！”

“自己的家庭虽未发生，但是，我所生活的小区却时有听闻。我认为最主要的原因是因为男女关系出了问题，破碎的家庭也使得毒品更为轻而易举地进入青少年的生活；此区便可看到不少孩子们在外闲逛，他们赌博或吸毒，凶恶的样子看起来像个小霸王。” 莎丽法不胜感叹地说着。

“我最近看到一则消息，两位小孩被继父杀害！这个消息对任何人而言，都是令人无法接受的事实；而暴力不仅限于身体暴力，还有精神施暴。我育有两子，虽然我对丈夫的爱不再百分之百，但是，孩子对我很重要，他们需要父母的爱与关怀，以及正确的指引。”诺哈希娜沉稳地说出

马来女子正聚精会神地化着传统马来新娘妆。

她的想法。

“你们如何看待穆斯林的一夫多妻制呢？”

诺哈希娜毫不犹豫地说出：“如果他游刃有余！在新加坡，男人女人都必须努力工作以换取温饱，我需要一个生活与金钱的帮手，这也是他存在的价值。”

莎丽法冷冷地说：“穆斯林男人拥有四位妻子，意味着很多很多的麻烦，除非他非常善于利用时间，否则必定搞成人仰马翻。此外，新加坡是个一切都很贵的国家，一位妻子与两个孩子，对男人已是大麻烦。”

“莎丽法，你相信在不久的将来，新加坡会出现女性总理吗？”

“不相信！女人的情感与时间是用来照顾家庭与孩子的，不是用来搞政治的，而且女性的体力也不行，从政者必须是男人！就算有天出了位女总理，也不会是好的领导！总之，我不会投票给她！”

莎丽法神色自若地说：“如果菲律宾与印度尼西亚都可有女性领导，为什么新加坡不能？我们的国会里，不是也有位戴头巾的女性议员吗？而且一直以来，女性都拥有既温柔又坚强的特质，只要她能够承受心理、身体上的压力，并且取得所有家人的支持，我想不出，有什么理由可以拒绝女性参政？！”

结语——非比寻常的狮城女子

与穆斯林女子莎丽法、诺哈希娜的一席交谈，让我对新加坡社会里、穆斯林女权落实的可能充满了期待，这可从莎丽法独立自主的言行举止，以及诺哈希娜贴身性感的服饰里瞧见端倪；而小印度城的卡拉法蒂与卡蒂卡两位女子的生活体验也告诉我一个事实：身处的环境永远比你身为何种民族、信奉何种信仰更为重要，那才是决定女人幸福与否的关键；而任劳任怨的妈姐，与贪图荣华富贵、不惜逼良为娼的另一类妈姐，有如人性的善恶缩影；多采多姿的娘惹文化，反映出新加坡土生华人女子以柔克刚的聪慧本质，与牛车水里强悍的三水婆，都让我印象深刻！

虽然新加坡社会里，至今仍由男性撑起一半以上的天地，但是狮城女子似乎越来越勇于表现与追求她们希冀的生活方式，这包括了对独身、结婚或离婚，已婚生子或未婚生子，同性恋还是异性恋的多样选择。最令我惊讶的是，在这个小小的岛屿上，竟然可以容纳如此之多的文化、种族与宗教，彼此之间互相尊重、互不干扰的情况下，和谐共存，营造出一个很不一样的新加坡社会，难怪当地人有此一说：“狮城女子，非比寻常！”

图书在版编目（CIP）数据

她的故事 / 彭怡平著.
-- 北京：中央编译出版社，2011.3
（图文馆）
ISBN 978-7-5117-0737-6

Ⅰ.①她… Ⅱ.①彭… Ⅲ.①游记－作品集－中国－当代②摄影集－中国－现代 Ⅳ.①I267.4②J421

中国版本图书馆CIP数据核字（2010）第261874号

彭怡平作品集
她的故事——世界女性群像之一

撰　　文：彭怡平
摄　　影：彭怡平
美术设计：翁翁·不倒翁视觉创意

出 版 人：和　龑
出版统筹：叶　芳
责任编辑：张维军　刘文利
责任印制：尹　珺
出版发行：中央编译出版社
地　　址：北京西单西斜街36号（邮编：100032）
电　　话：（010）66509360（总编室）（010）66509317（编辑部）
（010）66161011（团购部）（010）66130345（网络销售）
（010）66509364（发行部）（010）66509618（读者服务部）
网　　址：www.cctpbook.com
印　　刷：北京国邦印刷有限责任公司
成品尺寸：170毫米×230毫米　14.5印张
版　　次：2011年3月1日北京第1版
印　　次：2011年5月1日第2次印刷
印　　数：8001—10000册
定　　价：48.00元

本社常年法律顾问：北京大成律师事务所首席顾问律师　鲁哈达

有生之年非看不可的 （全新修订第7版）
1001部电影
1001 MOVIES YOU MUST SEE BEFORE YOU DIE
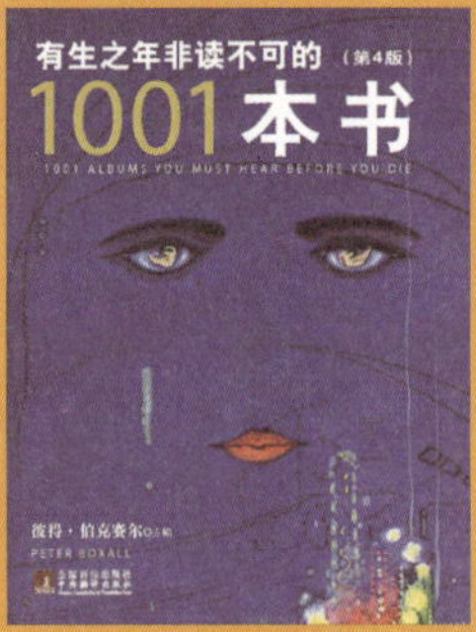
有生之年非读不可的 （第4版）
1001本书
彼得·伯克赛尔
PETER BOXALL
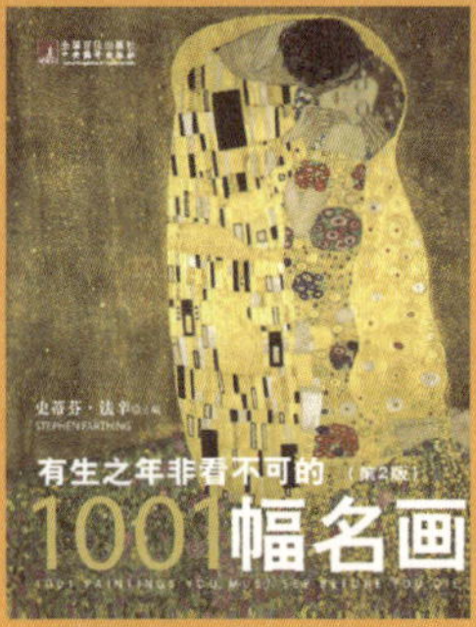
史蒂芬·法辛
有生之年非看不可的 （第2版）
1001幅名画

有生之年非听不可的 （第4版）
1001张唱片
1001 ALBUMS YOU MUST HEAR BEFORE YOU DIE
罗伯特·迪默里
ROBERT DIMERY

圣经的历史
《圣经》成书过程及历史影响

时间的故事
THE STORY OF TIME

《牛津技术史》主编科普力作
发明的历史

凭票取银元壹大元

世界宗教艺术图典

UMBERTO
ECO
VERTIGINE
DELLA LISTA

ART
THE WHOLE STORY
Thames & Hudson
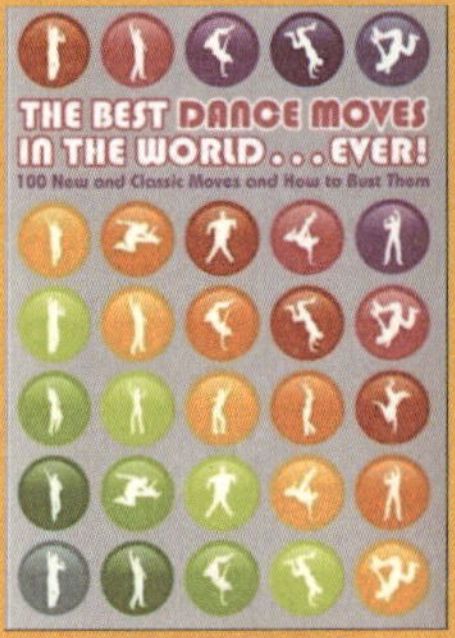
THE BEST DANCE MOVES
IN THE WORLD...EVER!
100 New and Classic Moves and How to Bust Them
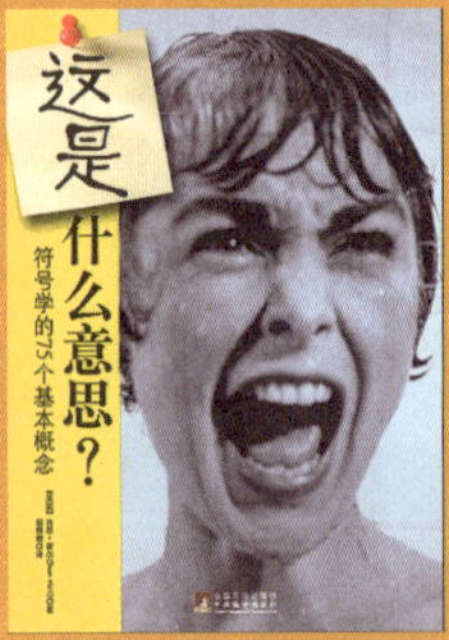
这是什么意思？
符号学的75个基本概念

Universal
Principles
of Design
通用设计法则
（全新增补版）
125条最好的设计概念

ZERO
ZERO 零 松田行正
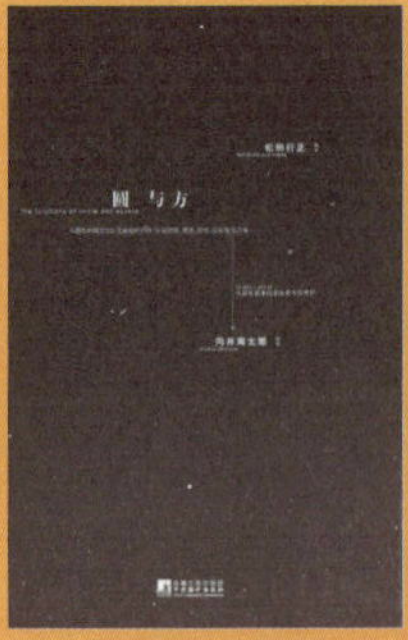
圆与方